LES LÉGENDES LES PLUS ÉTRANGES DE SUISSE

Du même auteur

APARTÉS. Chroniques
 (1986). Éditions JR
L'HIPPOPOTAME RÊVAIT DE VIOLETTES
 (1991). Éditions Rousseau
OMER PRÉFÈRE LE DÉSESPOIR DES SINGES
 (1994). Éditions Rousseau
GENÈVE, VIEILLE-VILLE, VIEILLES RUES
 (1999). Éditions Slatkine
GENÈVE, VILLE BASSE, RUES-BASSES
 (2001). Éditions Slatkine
GENÈVE, UNE SI BELLE CAMPAGNE
 (2005). Éditions Slatkine
GENEVA, LANDSCAPES AND VILLAGES
 (2005). Éditions Slatkine
CE JOUR-LÀ, MONSIEUR LE JUGE
 Roman (2006). Éditions Slatkine
LÉGENDES DE GENÈVE ET DU GENEVOIS
 (2007). Éditions Slatkine
L'HISTOIRE DE GENÈVE RACONTÉE PAR
LE PROFESSEUR CHRONOS
 (2008). Éditions Slatkine
GENÈVE INSOLITE ET SECRÈTE
 (2010). Éditions Jonglez
SECRET GENEVA
 (2010). Éditions Jonglez
SUISSE : 26 CANTONS, 26 LÉGENDES
 (2010). Éditions Slatkine
LES RUES QUI RACONTENT CHAMPEL-FLORISSANT
 (2012). Éditions Slatkine
LA CORNEILLE BONAPARTE. SA VIE. SON ŒUVRE.
 Roman. (2012). Éditions Slatkine
LE SALÈVE AUTREMENT
 (2012). Éditions Slatkine

www.lire-christian-vellas.com

CHRISTIAN VELLAS

LES LÉGENDES LES PLUS ÉTRANGES DE SUISSE

Éditions Slatkine
GENÈVE
2013

© 2013. Éditions Slatkine, Genève.
www.slatkine.com
Reproduction et traduction, même partielles, interdites.
Tous droits réservés pour tous les pays.
ISBN 978-2-8321-0571-9

Avant-propos

Parmi les centaines de légendes suisses (peu de pays peuvent en revendiquer autant au kilomètre carré!), il en est de plus insolites que d'autres. Inquiétantes ou originales. Certaines sont même carrément étranges. C'est celles-ci que nous avons sélectionnées.

Dans ce livre, pas de dragons ni de vouivres. Pas de mythes fondateurs ou de récits historiques bâtis sur des symboles. Pas de héros légendaires comme Guillaume Tell ou Winkelried… Nous les avons largement chantés dans un précédent ouvrage[1].

Cette fois, nous explorons un registre moins connu. Ces légendes n'ont souvent jamais franchi les limites de leur canton. Et il est temps de retrouver leur saveur, leur sagesse, leur morale, qui expliquent, mieux que de savants traités sociologiques, les mœurs et les coutumes de leur temps. La religion chrétienne imprègne nombre de ces récits, et d'ailleurs, ce sont souvent des prêtres qui se sont plu à les recueillir.

Avouons-le: comme tout conteur, nous avons revisité ces légendes populaires, revendiquant le droit de modifier parfois des détails. Mais jamais le fond. Il est bon de se laisser entraîner, en s'imaginant parler à un auditoire devant un feu de cheminée, et d'ajouter quelque variante

Venues du fond des âges, les légendes ne prennent tout leur souffle que lorsqu'elles sont dites, ou mieux, jouées. C'est pour cette raison que les conteurs d'aujourd'hui, voisins des comédiens, retrouvent l'attention d'un large public. *Le Conteur*, paru dans *L'Opinion publique* en 1871 (Québec).

---

[1] *Suisse: 26 cantons, 26 légendes*, Éditions Slatkine, 2010.

à une trame connue. C'est ainsi que les légendes devraient vivre : ne jamais trahir l'essentiel, garder la vérité du message, mais broder sur les garnitures pour ne pas lasser. Car ces textes venus du fond des âges ne prennent tout leur souffle que lorsqu'ils sont dits, ou mieux, joués. On sent alors le besoin d'introduire des « refrains », des phrases incantatoires, des jalons qui rythment le débit. C'est pour cette raison que les conteurs d'aujourd'hui, voisins des comédiens, retrouvent l'attention d'un large public. L'auteur, lui, ne peut qu'essayer de restituer ces atmosphères d'écoute. Sans voir les yeux qui brillent, sans goûter au silence d'un auditoire, sans sentir la tension que son récit suscite. Et sans entendre la demande qui réconforte : « Allons ! Dis-nous une autre histoire… »

Doit-on citer ses sources quand on écrit un recueil de légendes ? C'est impossible. Car dès que l'on se plonge dans les dizaines de livres, de chroniques et de documents qui les recensent, on se rend compte que les auteurs successifs ne font que reprendre des écrits plus anciens. C'est l'histoire de l'homme qui a vu l'homme qui a vu l'homme qui a vu l'homme qui a vu l'ours… Qui le premier a colporté une légende ? Qui en a écrit une version ? Qui l'a modifiée, transformée ? On ne peut rendre justice à personne en particulier. Si l'on tient néanmoins à expliquer ses recherches, on ne peut que citer les noms de « transmetteurs », souvent mués en « adaptateurs ». Une longue chaîne, qui plonge ses racines dans l'humus anonyme du génie populaire (ce qui n'est pas le cas des contes, qui eux sont des récits inventés et signés).

Nous allons donc moissonner quelques dizaines de récits dans les champs féconds des légendes suisses (notez ce style gentiment désuet : c'est ainsi que s'exprimaient les conteurs autrefois… Promis, ce ne sera pas le nôtre !). Nous irons d'Hugonnette, la fière résistante valaisanne, aux serpents de Saas qui sifflent et s'esquivent. De la meule maudite de Reinach au nain farceur de Stampach. Du crapaud condamné par Charlemagne au curé de la Dauda qui aimait trop chasser le chamois. Du revenant du val Sinestra aux clochers tordus de Payerne, Muttenz ou Davos. Des pauvres âmes du glacier du Hockenhorn aux processions de fantômes morts de la grande peste…

Redisons-le : la plupart de ces légendes ont un côté étrange, déconcertant, en marge des thèmes habituels. C'est notre choix : les naïves fées ne sont pas de la noce et le diable souvent invité. La morale est cependant sauve, dans tous les cas. Nos aïeux aimaient se faire peur, mais, après la veillée, tenaient à repartir rassurés…

Les Sarrasins viennent d'incendier l'abbaye valaisanne de Saint-Maurice.

Hugonnette et les Sarrasins

Le chant d'une jeune fille utilisé comme arme de guerre ! Directement sur un champ de bataille ! C'est exceptionnel dans l'histoire militaire, et la légende de la Valaisanne Hugonnette renvoie ainsi les fameuses sirènes d'Ulysse au rôle de piètres séductrices de rocher.

Nous sommes en l'an 940. Les Sarrasins viennent d'incendier l'abbaye de Saint-Maurice et de lourdes colonnes de fumées montent de la plaine. Les envahisseurs ont dressé leur campement près de Monthey et plus haut, dans la montagne, la population de Troistorrents tremble. Dans combien d'heures cette bande de pillards et d'incendiaires sera dans ses murs ? Faut-il fuir vers la haute vallée d'Abondance, en poussant les troupeaux, en hissant les vieux et les enfants sur les charrettes ? Faut-il abandonner les maisons et les récoltes encore sur pied ? L'église aux infidèles ? Ou essayer de résister avec des fourches et des faux, quelques haches et quelques piques ? Contre des brigands bien armés et entraînés ?

– Ce serait courir au massacre, se désespèrent les chefs du village. La raison nous commande de partir…

Et tous de baisser la tête, résignés. Ils savent que la région est à feu et à sang et que les barbares n'ont aucune

pitié. Le feu après le sang, les viols, le saccage des corps après le saccage des biens.

C'est alors qu'une jeune fille, révoltée contre cette passivité, se lève et crie son indignation. C'est la jolie Hugonnette (une héroïne se doit d'être belle pour être crédible) :

– Hommes de Troistorrents, si vous fuyez comme des lièvres devant les Sarrasins, vous êtes des lâches !

– Mais que faire ? Tu connais la disproportion des forces… Doit-on tous mourir pour l'honneur ? Ou sauvegarder nos vies pour continuer notre race ? Nous reviendrons quand le danger sera passé. Et nous reconstruirons notre village s'il est détruit.

– Non ! Nous, vos femmes et vos filles, nous arrêterons les Sarrasins ! Nous savons ce qu'ils veulent, nous ferons semblant de le leur donner ! Faites-moi confiance. Allez vous cacher dans les bois proches. Et soyez prêts à combattre quand le moment sera venu.

Les Sarrasins approchent déjà, les guetteurs les voient grimper par grappes vers le village, leurs armes luisent au soleil. Ils s'arrêtent à quelques centaines de mètres de l'église. Dont les cloches sonnent soudain à toute volée alors que les portes s'ouvrent en grand…

Des dizaines de jeunes filles en sortent, calmes et souriantes, habillées de leurs longues robes de fête, en drap marron, un fichu rouge coquelicot noué sur la tête. Leurs tresses, blondes ou brunes, tombent jusqu'au bas de leurs reins. Leurs corsages sont piqués de fleurs des

champs : pervenches, muguets, primevères, violettes ou boutons d'or. Mais pourquoi ces sacs dissimulés sous leurs tabliers rouges ou bleus ?

Interloqués, les Sarrasins contemplent ce bataillon de charme et ne pensent plus à la guerre… Allons ? Leur récompense sera-t-elle plus facile qu'ils ne pensaient ? Ces jeunes filles sont-elles les ambassadrices des villageois qui demandent grâce ? Un présent offert aux vainqueurs ?

Hugonnette est à la tête du groupe des plus jolies filles. Les vieilles sont restées à l'intérieur de l'église et on les entend chanter des cantiques. Hugonnette et ses compagnes, entourées d'enfants, s'avancent vers les Sarrasins médusés et reprennent ces chants de leurs voix cristallines. Aucune crainte dans leurs yeux, mais des rires et sourires tentateurs. Elles chantent à pleine voix, en s'avançant toujours plus vers les assaillants.

Puis Hugonnette seule se rapproche encore, et face aux soudards subjugués, entonne une ample mélodie qui les fait frissonner… Ils n'en comprennent pas les paroles, mais cet air, à la fois grave et léger, les trouble soudain : que font-ils dans cette vallée étrangère, si loin de chez eux ?

Hugonnette chante. Des larmes montent aux yeux de ces brutes. Ils songent à leurs familles, oubliées, à leurs villages quittés depuis tant d'années…

Comment un simple chant peut-il les émouvoir à ce point ? Ils ne comprennent pas ce qui leur arrive. Cette fille à la voix d'or est-elle une magicienne, une fée, un ange venu d'un autre ciel que le leur ?

Hugonnette chante. La nostalgie envahit les plus féroces. Ils pensent à leurs amours d'autrefois,

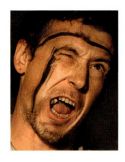

abandonnées… À leur rude vie de soudard. À quoi servent leurs armes devant ces frêles jeunes filles et ces enfants inoffensifs ?

Hugonnette chante. Les Sarrasins sont ensorcelés. Hypnotisés.

Insensiblement, les filles de Troistorrents se sont rapprochées et sont maintenant tout près des Sarrasins. Elles leur jettent des fleurs. Les interpellent gaiement. Des cris de liesse leur répondent :

– Venez, n'ayez pas peur de nous, vous êtes trop belles, nous ne vous ferons aucun mal, bien au contraire, glissent les plus échauffés…

Les filles rient. Frôlent les hommes, se glissent parmi eux, s'intercalent dans leurs rangs. Bientôt, elles sont si bien réparties que chacune est à portée de trois ou quatre soldats… Hugonnette termine son chant sur une note aiguë, un cri rauque lancé à pleins poumons !

C'est le signal. Les filles plongent vivement la main dans le sac dissimulé sous leurs tabliers et en tirent des poignées de cendres chaudes qu'elles jettent dans les yeux des Sarrasins ! Dans leurs bouches qui hurlent, dans le col de leurs tuniques. Ils sont aveuglés, étouffent, toussent, pliés en deux de douleur. Et n'ont pas le temps de se ressaisir : les gars de Troistorrents ont déjà déboulé des bois, les renversent, les clouent, les assomment, les transpercent… Un massacre. En quelques instants, les Sarrasins sont anéantis. Quelques survivants se débandent, détalent en jetant leurs armes, se jettent vers la plaine. On les poursuit et la Vièze se teinte de sang…

Depuis ce jour, les femmes de Troistorrents occupent les premières rangées de bancs dans l'église. Au cours des siècles, aucun homme, aucun notable, n'a osé leur

Au Xe siècle, le terme de « Sarrasins » était attribué largement à toutes sortes d'envahisseurs païens. Mais principalement à des bandes de pillards musulmans venus des rives provençales.

contester ce droit. Un droit qu'elles doivent à la belle Hugonnette, qui a sauvé leur village en mystifiant les Sarrasins.

Simplement en chantant.

> *Qui étaient ces Sarrasins dont parle la légende valaisanne d'Hugonnette? Des bandes de pillards musulmans qui ont marqué de leurs razzias la Provence du Xe siècle, ou, comme l'affirment quelques historiens, des montagnards indigènes qui s'opposaient à la christianisation de leurs régions? En ces temps de luttes intestines continuelles, de pouvoir morcelé et de féodalités isolées, il se pourrait que la tradition populaire ait amalgamé ces deux fléaux, le terme de « Sarrasins » étant alors attribué largement à toutes sortes d'envahisseurs païens...*

De Maïeul, abbé de Cluny.

Restent les repères historiques. Les premiers groupes de pillards musulmans sont attestés dès la fin du IXe siècle autour de Saint-Tropez, ainsi que dans les Alpes piémontaises et ligures. D'où venaient-ils? Liutprand, évêque de Crémone (mort en 972), l'un des rares chroniqueurs qui évoque leur arrivée, écrit qu'un de leurs bateaux avait été poussé par la tempête sur les côtes provençales, depuis l'Espagne. Événement anecdotique assurément, cette migration provenant par à-coups de tout le bassin méditerranéen. Ces bandes de Sarrasins s'installent, chassent les chrétiens du coin, se multiplient (rapts des indigènes) et construisent une forteresse à Fraxinetum (vers 889), aujourd'hui La Garde-Freinet. De là, ils vont lancer des raids de plus en plus lointains, évitant les villes, mais s'attaquant aux monastères et aux villages isolés.

Remontant les vallées alpines, on les signale en Valais vers 920. Les annales rapportent maints cas de pèlerins se rendant à Rome, rançonnés et attaqués dans les cols alpins. La légende d'Hugonnette mentionne l'incendie et le pillage de l'abbaye de Saint-Maurice en l'an 940. Cette même année, les Sarrasins dévastent le siège épiscopal à Coire.

La lutte contre leurs nuisances va cependant commencer à s'organiser plus fermement. C'est un incident de plus qui va secouer le monde chrétien. Dans la nuit du 21 au 22 juillet 972, de Maïeul, abbé de Cluny, est capturé au pont du Châtelard, près d'Orsières, sur la route du Grand-Saint-Bernard. Dans un premier temps, les moines de Cluny et plusieurs seigneurs se cotisent pour payer l'énorme rançon de mille livres d'argent.

Mais ce religieux provençal, un futur saint, est particulièrement lié à Guillaume, comte d'Arles (953-993). L'affaire fait déborder le calice: Guillaume, qui sera appelé «le Libérateur», va partir en campagne avec l'aide de renforts piémontais.

Après plusieurs affrontements, la bataille de Tourtour (973) donne un avantage décisif aux Provençaux. Peu après, la forteresse de Fraxinetum est prise et leurs occupants exterminés. Les quelques survivants de la région sont baptisés de force et réduits en esclavage. C'est la fin de l'aventure «sarrasine», qui a certes laissé des traces dans le sang des populations locales côtoyées durant près d'un siècle...

Sur les armoiries de Troistorrents, il n'y a que deux cours d'eau se jetant dans la Vièze. Parce que l'origine du nom ne vient pas du nombre de torrents coulant sur la commune, mais des Romains. Ceux-ci, qui s'établirent dans la région au temps de Jules César, devaient dépasser les impressionnantes gorges de la Tine pour arriver au-delà du torrent... Soit «Trans Torrentium». Une appellation qui se déforma au cours des âges pour devenir «Troistorrents». Les armoiries comportent également une jeune fille en robe rouge tenant sur ses genoux un enfant qui lance une poignée de cendres. La légende est à jamais codifiée.

Surgie de la nuit, une forme énorme ressemblant vaguement à un taureau se dressa sur le chemin du petit pâtre.

Le châtiment de Jean Guidon

Quoi qu'on en dise, la peur est parfois bonne conseillère. Invoquer le nom de Dieu quand on est dans le plus grand effroi peut ainsi vous faire pardonner la mort d'un homme. C'est du moins la morale de cette histoire que l'on contait jadis en Valais, dans le val d'Hérens.

Sur les hauteurs du village de Villa était un vaste pâturage. Cet alpage appartenait à Jean Guidon, maître exigeant d'une dizaine de vachers. Il les rudoyait parfois et fouettait ses chiens. Ses laitières étaient nombreuses, bien entretenues. À vrai dire, le confort et la santé de son cheptel lui importaient plus que ceux de son personnel. Mais c'était alors souvent la règle et le plus grand nombre subissait l'arrogance de quelques-uns.

Il arriva qu'un soir Jean Guidon ordonna au petit Pierre, un gamin de quinze ans, d'aller faire un tour à l'étable pour vérifier si les bêtes étaient paisibles. Pourquoi envoyer le plus jeune pâtre, qui tombait de sommeil, dans la nuit fraîche et sombre ?

C'était une épreuve pour lui, l'étable étant éloignée du chalet, et la montagne bruissant de toutes sortes de frémissements inconnus… Pour se rassurer, le jeune garçon prit son solide bâton et un des chiens pour l'accompagner.

Tout était tranquille à l'étable. Les bovins mâchonnaient pensivement – que se passe-t-il dans l'esprit d'une vache qui rumine ?

Sur le chemin du retour, le petit Pierre entendit soudain un meuglement épouvantable et dans l'instant distingua une étrange forme qui se dirigeait vers lui. Un fantôme ?

– Au nom de Dieu, qui es-tu ? cria-t-il.

Pas de réponse. Était-ce un taureau échappé ? Il semblait en avoir le pelage. Vaguement…

– Au nom de Dieu, viens-tu pour me faire du mal ou n'ai-je rien à craindre de toi ?

Aux côtés de Pierre, le chien gémit bizarrement, n'osant attaquer l'apparition. Qui continua d'avancer sans un mot.

– Réponds-moi, au nom de Dieu trois fois saint ! Réponds-moi ! cria encore le pâtre.

La forme était maintenant à deux pas. Dans cette nuit si noire. Épouvanté, le petit Pierre leva son bâton, et avec une énergie décuplée par la peur, l'abattit sur la « chose ». Qui s'écroula en travers du chemin.

Le pâtre se rua vers le chalet, hurlant qu'il venait de frapper un fantôme… un être malfaisant tout au moins… qui avait l'aspect d'un taureau… mais qui n'était pas un taureau… Il en était sûr, on n'assomme pas un taureau avec un bâton… Mais c'était une chose énorme… qui ne parlait pas et voulait sans doute l'emporter au diable…

Les vachers l'entourèrent, le sourire en coin :

– Calme-toi ! Tu trembles comme une feuille ! Calme-toi et allons voir ton fantôme.

Effectivement, sur le chemin il y avait une forme allongée.

– Malheureux ! Tu as cogné sur notre maître. Il voulait te faire peur. Il s'est enveloppé dans une peau de taureau et nous a quittés en disant qu'on allait bien rire !

Dessin de Nicolas-Bernard Lépicié (1735-1784).

Mais la farce avait tourné court : Jean Guidon était mort. Les vachers essayèrent de lui ôter la peau de taureau, en vain. Elle restait collée à son corps. Et le cadavre était inexplicablement lourd. Si lourd que les vachers renoncèrent à le déplacer et passèrent la nuit en prière au chalet.

Au matin, ils envoyèrent le petit Pierre se dénoncer à l'évêque de Sion. Comment expliquer l'accident, la méprise ? Le poids incroyable de la dépouille de Jean Guidon ? Et comment faire pour enterrer le cadavre ?

L'évêque prit tout son temps pour écouter le récit du jeune pâtre. Lui faisant répéter mot à mot ce qu'il avait dit au « fantôme » :

– J'ai d'abord crié « Au nom de Dieu, qui es-tu ? ». Et je me suis signé.

– Ensuite ?

– « Au nom de Dieu, viens-tu pour me faire du mal ou n'ai-je rien à craindre de toi ? » Mais l'apparition continuait d'avancer en silence…

– Et puis ?

– J'ai à nouveau crié : « Réponds-moi, au nom de Dieu trois fois saint ! »

– Et toujours pas de réponse ?

– Non. Je mourais de peur. Et j'ai levé mon bâton…

L'évêque rassura petit Pierre :

– Mon enfant, tu n'es pas coupable. Le coupable, c'est Jean Guidon. Il n'a pas répondu quand tu as invoqué par trois fois le nom de Dieu.

Il s'est déguisé en bête

Il est mort comme une bête.

Il faut l'enterrer comme une bête.

Le châtiment divin explique le poids de sa dépouille. Vous placerez des pierres sur son cadavre, afin que le soleil ne luise jamais sur sa tombe. Et je prierai pour sa rédemption…

Ainsi fut fait : le corps fut recouvert d'un grand tas de rochers. Un tas si énorme, que lors du premier orage le sol se creusa, et l'engloutit tout entier. Depuis, les sapins ont poussé drus au-dessus de Villa, recouvrant les pâturages d'antan. Leur ombre est si épaisse que le soleil de Dieu n'éclaire jamais le lieu où fut jadis enseveli Jean Guidon.

Cette légende est impressionnante par les valeurs qu'elle véhicule. Pas étonnant qu'une de ses versions ait été rapportée par un chanoine du Grand-Saint-Bernard, Jules Gross, en 1925. Ici, on ne songe pas une seconde à plaindre la victime. On essaie même de la noircir: le maître était rude... Jean Guidon a-t-il blasphémé? Même pas. Il ne prononce pas une parole. Mais il n'a pas répondu à l'invocation du nom de Dieu... Cela suffit pour que son homicide accidentel soit totalement excusé et qu'il soit condamné sans appel.

Durant des siècles, le pouvoir temporel des évêques de Sion s'est étendu sur la région d'Évolène et ses hameaux, dont celui de Villa (aujourd'hui Villaz). La légende parle de forêt épaisse, alors que de nos jours c'est une zone de grands prés et d'alpages, dominés par la masse imposante de la Dent-Blanche, qui culmine à 4357 mètres.

Le spectre de Crètzillan ne cessait de gémir : « Si j'avais su ! Si j'avais su ! »

La malédiction de Crètzillan

Cette légende est proche de la précédente, du moins sur un point : quand le pouvoir religieux estime qu'un pécheur est accablé par le châtiment divin, la marque de cette condamnation se manifeste par le poids excessif de son cadavre. On ne peut que se résoudre à l'enterrer sur place, ce qui évite de le mêler au cimetière avec les bons croyants. Un thème que l'on retrouve dans nombre de légendes européennes.

Crètzillan était un homme bourru et farouche, qui vivait seul dans les bois, près de la commune de Grandvillard en Haute-Gruyère. Il évitait autant qu'il le pouvait la fréquentation des autres villageois. Qui le trouvaient sale et avare : pourquoi était-il toujours habillé de loques ? Il faisait peur aux enfants !

En vérité, c'était Crètzillan qui avait peur des autres paroissiens. Quand on se sent rejeté, on s'enferme dans sa coquille d'incertitudes.

Chaque dimanche pourtant, à l'appel de la cloche, il prenait le chemin de la messe. Mais il n'arrivait jamais à l'église. Au sortir de ses bois, il s'arrêtait toujours à la même place. Il n'avait pas le courage d'aller plus loin. Il entendait de loin les cantiques, écoutait le bourdonnement des répons, sursautait au bruit cristallin des sonnettes.

Dès qu'il apercevait les villageois sortir en grappes de l'église, il repartait vers sa forêt.

– Quel mécréant! jugeaient les habitants de Grandvillard. Qui ne tenaient pas compte du demi-effort que Crètzillan accomplissait ainsi, dimanche après dimanche, pendant plus de trente ans. Ni de son attachement, malgré tout, aux valeurs chrétiennes: quand il sentit les approches de la mort, ne contacta-t-il pas ses plus proches voisins pour qu'on lui amène le curé? Il réclamait à grands cris les derniers sacrements…

Le prêtre arriva trop tard. Crètzillan était mort.

Le surlendemain, quatre hommes se dévouèrent pour transporter le cercueil jusqu'au cimetière de la Dauda. Mais arrivés à l'endroit précis où Crètzillan s'était arrêté tant de fois sur le chemin de l'église, leur charge devint subitement si lourde qu'ils ne purent que la laisser choir. On appela des renforts, quatre autres costauds, puis quatre encore, mais à douze ils n'arrivèrent pas à bouger le cercueil qui restait rivé au sol. On se décida donc à creuser une fosse sur place. Et à disposer quelques blocs de rochers sur cette tombe sommaire.

C'est alors que le cauchemar des habitants de Grandvillard commença. Le spectre de Crètzillan ne cessait de revenir pleurer sur sa dernière demeure, en bordure d'un chemin communal, rappelons-le. Le passant attardé l'entendait gémir:

– Si j'avais su! Je veux être enterré au cimetière de la Dauda! Si j'avais su! Si j'avais su!

Cette litanie ne cessait pas, obsédante, reprise à chaque souffle du vent, répercutée comme un écho dans le brouillard. Elle glaçait le sang:

– Si j'avais su! Si j'avais su!

Pour faire taire cette voix qui semblait sortir de terre, on prit l'habitude de jeter un caillou sur la tombe en passant devant elle. Bientôt, un gros tas de pierres la surmonta. Mais Crètzillan se plaignait toujours aussi lugubrement :
– Si j'avais su ! Je veux être enterré au cimetière ! Si j'avais su !

Finalement, bien des années plus tard, les habitants de Grandvillard se dirent qu'il valait mieux accepter les revendications du spectre. Curé en tête, ils creusèrent sous le tertre à la recherche du squelette, décidés à l'ensevelir enfin en terre bénite. Ils ne trouvèrent rien : pas le moindre os… Même pas les poignées en cuivre du cercueil !

On se résolut donc à planter une grande croix de bois sur l'emplacement. En espérant que ce symbole chrétien suffirait à calmer les angoisses post mortem de Crètzillan.

Et depuis, effectivement, on n'est plus si sûr que c'est sa plainte qui se mêle parfois aux sifflements du vent ou aux chuintements d'un oiseau de nuit :
– Si j'avais suuuu… Si j'avais suuuu…

La chapelle de la Dauda a été reconstruite en 1701, sur les ruines de la première église de Grandvillard.

La faute du curé de la Dauda

La chapelle de la Dauda (ou Dâda, Doda, les orthographes ont varié au cours du temps) est également le lieu d'une autre légende. Éteignez la télévision et écoutez-moi.

Jadis, et jusqu'à la fin du Moyen Âge, les catholiques respectaient le jeûne des Quatre-Temps, au début de chacune des quatre saisons. Le mercredi, le vendredi et le samedi. Dans la montagne de Grandvillard, où l'on priait ardemment le Tout-Puissant pour être protégé des fréquentes incursions des pillards, la chapelle dédiée à saint Jacques était bondée ces soirs-là.

Un samedi – ce ne pouvait être qu'un samedi, veille du jour de repos… – le jeune sacristain décida d'aller passer la nuit auprès de sa belle, à Villars-sous-Mont. De retour au petit matin, il trouva la porte de la chapelle ouverte. Bizarre… Il était sûr, malgré sa légitime fatigue, de l'avoir bien fermée la veille. Son étonnement s'accrut quand il vit devant l'autel un vieillard décharné, revêtu d'une chasuble d'or. Une infinie tristesse émanait de cet étrange prêtre.

– Mon enfant, peux-tu servir la messe ?

Le sacristain, impressionné, s'exécuta. Fit les répons, agita la clochette, tourna les pages du livre… Des larmes coulaient parfois sur le visage du religieux inconnu. Pourquoi remplaçait-il ainsi le bénédictin habituel ? Et pourquoi cet office à une heure aussi matinale ? Après avoir prononcé le *Ite missa est*, le vieillard se tourna vers le sacristain :

— Il y a cent cinquante ans que j'attends ce moment ! Je vais pouvoir enfin être accepté au paradis. J'ai expié ma faute, une si lourde faute…

— Laquelle, mon père ? osa le sacristain.

— Un drame, dont personne n'a plus la mémoire, a eu lieu autrefois près d'ici. Un homme a été emporté par une crue soudaine de la Sarine et sa veuve, son enfant dans les bras, est venue me demander de célébrer une messe pour son repos éternel. J'ai accepté de le faire à la première heure du jour, pour apaiser sa détresse.

Mais à peine m'avait-elle remercié, les yeux en larmes, et s'en était retournée, que je me souvins avoir projeté ce matin-là une partie de chasse au chamois. Au chamois, ma passion ! Une traque que j'attendais depuis si longtemps, que j'avais tant préparée ! Toute la nuit, je fus tourmenté par le dilemme. De bons anges me sermonnaient dans mes rêves :

— Tu as promis une messe. Tu ne peux te dérober. Ton devoir de prêtre avant tout !

Mais des diables aussi me poussaient :

— Ce grand chamois que tu as repéré t'attend ! Si tu n'as pas son trophée, c'est un autre chasseur qui l'attrapera !

Les anges s'inquiétaient :

— Cette veuve a mis toute sa confiance en toi. Son désespoir sera multiplié par mille si elle trouve la chapelle vide à l'heure dite !

Les diables ricanaient :

— Allons ! Cette messe, tu la diras le lendemain. On n'est pas à un jour près quand on est mort… Ne sens-tu pas l'odeur de la forêt ? Tu as graissé ton fusil, tes bottes sont cirées, ton sac est prêt…

J'ai transpiré d'angoisse, d'hésitations, heure après heure, ne trouvant pas le sommeil… Mais à l'aube, l'appel de la montagne a été le plus fort. J'ai saisi mes jumelles, ma carabine, et j'ai filé vers les chamois.

Le châtiment du ciel ne s'est pas fait attendre: un énorme éboulement m'a emporté. Dans l'instant même je me suis retrouvé à la porte du paradis. Sur laquelle un avis était placardé:

«Curé de Grandvillard, chapelle de la Dauda. Pour avoir préféré la chasse à une messe, promise à une veuve éplorée, tu es condamné à errer dans le monde des mortels. Ta peine ne sera levée que lorsqu'un sacristain miséricordieux, et ignorant de ta faute, acceptera innocemment de te servir lors d'un office des Quatre-Temps.»

Ce jour est enfin arrivé! Un siècle et demi d'attente! Grâce à toi, mon ami, je vais enfin pouvoir pénétrer dans le séjour des bienheureux…

- Je suis bien heureux de vous avoir aidé, répondit le sacristain. Mais pourquoi ce mot «innocemment»?

- J'ai oublié de te le dire: l'arrêté céleste précisait que mon sacristain salvateur bénéficierait également d'un privilège. Dans une année, jour pour jour, tu viendras me rejoindre en paradis…

La chapelle de la Dauda tire son nom d'une racine celte, «dah», signifiant «pente très raide». Elle a été reconstruite en 1701 sur les ruines de la première église paroissiale. Ruines restées plus d'un siècle à l'abandon, après le déplacement de cette église, située trop à l'écart, et rebâtie au centre du village en 1594. Un cimetière était accolé à l'ancienne église de la Dauda et trois antiques croix de pierre en rappellent toujours l'existence. De nos jours, un sentier forestier partant de Villars-sous-Mont permet, en une paire d'heures de marche, de partir à la découverte de la chapelle de la Dauda, bien cachée sous les arbres.

Derrière le glacier pousse... et le nain de Stampach va ouvrir une brèche pour que l'eau du lac se déverse dans la vallée. Aux petits hommes, les grands moyens! Dessin d'Eugène Reichlen (1921).

Le nain de Stampach élargit son lit et ses bottes

Chassant le chamois, un paysan d'Eisten se trouva un jour nez à nez avec le fameux nain du lac de Stampach. Celui-ci était perché sur la moraine, en sa tenue ordinaire : redingote bleue, bottes grises et casque à mèche. Un casque qui n'a rien de militaire, rappelons-le, puisqu'il s'agit d'un bonnet de coton, voire d'un bonnet de nuit.

Le nain fixait intensément le bas de la vallée et parut contrarié quand le chasseur l'interpella respectueusement :

– Ô roi du glacier de Stampach, maître de la montagne, tu parais préoccupé. Qu'observes-tu avec tant d'attention dans ces contrées qui s'étendent au pied de ton royaume, là où vivent les hommes ?

Le nain le considéra d'un air revêche et répondit :

– Mon lit est trop court, mes bottes trop étroites. Mon habit me serre et va craquer. Bientôt je m'étendrai par-delà les forêts. Bientôt j'avalerai les champs…

Rentré chez lui, le paysan compris le sens de cet avertissement. Le glacier était sur le point de faire déborder le lac. Le nain travaillait sans doute à ouvrir une voie d'écoulement, une brèche, par laquelle des torrents dévastateurs allaient se précipiter. Les bois, les pâturages, puis les chalets seraient emportés !

Pour l'instant, le paysan d'Eisten était seul à connaître les intentions du nain. Comment en profiter ? Ses prairies étaient les mieux situées de la vallée. Les plus enviées. Et valaient donc une fortune… Tout cela allait-il être balayé par une immense vague ?

Le lendemain était jour de marché à Kuhmatt. Les habitants des communes environnantes s'y pressaient, les hommes en noir, les filles dans leurs plus beaux atours. Notre paysan savait bien qui il cherchait dans la foule : le gros Meyer, du village de Ferden, l'homme le plus riche de la région. Il l'accosta habilement, le flatta, l'entraîna à la taverne. Chacun parla de ses terres, de ses troupeaux, de ses récoltes.

Le vin blanc aidant, le gros Meyer fit étalage de ses richesses. Rappela orgueilleusement qu'il possédait les meilleures parcelles de la vallée et qu'il continuait, année après année, à racheter tous les terrains que les moins chanceux devaient mettre en vente.

– Ces pauvres gens n'ont pas le sens des affaires, plastronnait-il. Et sont bien heureux que je veuille, ensuite, les garder à mon service pour travailler leur ancienne terre… J'ai un seul regret : ne pas avoir le beau domaine des Bleiken qui t'appartient. Ce serait le complément idéal de mon patrimoine.

– Certes, répondit le paysan, ces prairies valent de l'or. Mais même toi tu n'en as pas assez pour les payer…

– Comment ! s'exclama le gros Meyer, piqué au vif. Dis ton prix !

Le paysan lança un chiffre, le double de ce que valaient en réalité les Bleiken. Se préparant à un marchandage serré… Il n'eut même pas le plaisir d'en débattre.

– Tope là ! C'est cher, mais on ne pourra pas dire dans la vallée que Meyer n'a pas les moyens de s'offrir ce qu'il veut ! Allons chez le notaire et réglons ça tout de suite. Santé !

La catastrophe ne tarda pas. La nuit suivante, des bruits sourds ébranlèrent la montagne. Le nain de Stampach avait réalisé sa menace. Le glacier avait poussé, poussé, et le nain avait creusé, creusé, ouvrant une brèche dans les parois de rochers qui maintenaient le lac… Jusqu'à ce que des tonnes d'eau brutalement libérées ne dévalent vers la vallée.

Une puissante odeur de terre remuée se répandit d'Eisten à Blatten, et monta même jusqu'à l'alpe de Telli. Au petit matin, les villageois constatèrent les dégâts. Les ponts sur la Lonza avaient été emportés. Les riches prairies des Bleiken, entre autres, étaient recouvertes de limon et de cailloux. Leur bonne terre à jamais ensevelie. Au milieu de cette désolation, le torrent apaisé coulait dans son nouveau parcours.

Le nain du lac de Sampach avait maintenant ses aises : son lit était plus large et ses bottes moins étroites…

La fin de cette légende est un peu confuse et sa morale, rajoutée sans doute au siècle dernier par le révérend prieur de Kippel, l'un de ses rapporteurs, semble un peu tirée par les cheveux. Le paysan, rongé par le remords de n'avoir pas averti les habitants de l'imminence de la catastrophe et d'avoir profité du « tuyau » donné par le nain pour vendre ses terres à un gogo, voulut rendre son or au gros Meyer. Celui-ci, croyant voir dans ce drame la punition du ciel pour son orgueil et sa cupidité, refusa. Ainsi présentée, cette version pouvait donc être racontée aux paroissiens…

Le schroettéli supplia la sage-femme : « Venez vite ! Ma femme a besoin de vous pour accoucher… »

Le cadeau du schroettéli

Les schroettélis, race voisine des farfadets, lutins et autres nains cavernicoles, vivent surtout en Suisse alémanique. Si vous en croisez un, vous ne pouvez vous tromper : mesurant quelque cinquante centimètres, très ridés de nature, ils sont vêtus d'une veste rouge aux boutons argentés, et portent des bas bleu marine. Certains auteurs assurent cependant que c'est là leur tenue de fête, et qu'ordinairement ils s'habillent de haillons maculés de boue. Il faut dire que les schroettélis habitent sous terre, dans des galeries qu'ils creusent comme des blaireaux.

Que font-ils dans la vie ? Souvent ils s'installent près d'une maison et en deviennent les gardiens. Réparant les outils, retrouvant les clés, soignant le bétail, faisant pousser les légumes. Si vous retrouvez vos lunettes, égarées depuis des jours, n'en doutez pas : c'est un schroettéli qui vous les a rapportées.

Ils n'ont pas que des qualités. Leur malice les pousse aussi à vous jouer des tours. Ils font tourner le lait, arrêtent les pendules, mettent des obstacles dans vos jambes, font attacher les röstis dans la poêle… Ouvrez donc les yeux : tous les petits malheurs qui vous arrivent dans une journée sont la faute à un de ces personnages mal luné.

Une sage-femme de Walchwil, au bord du lac de Zoug, reçut un jour la visite d'un schroettéli. À voir son visage

plissé et blafard, sa barbe mal peignée et ses gros yeux emplis d'angoisse, elle comprit qu'il y avait urgence. D'une voix très basse (leur habitat souterrain leur donne des accents caverneux), il supplia :

– Ma femme est en couches et l'affaire se présente mal… Venez vite, pour l'amour de Dieu !

La sage-femme connaissait les schroettélis de réputation et savait qu'ils n'étaient pas méchants. De plus, elle était curieuse de voir un nouveau-né de cette espèce : avait-il déjà le visage ridé en venant au monde ? Elle le suivit donc.

Ils marchèrent longtemps, jusqu'à l'entrée d'une grotte, là-haut dans la montagne. Se glissant dans la fente d'un rocher, ils descendirent dans une galerie qui s'élargissait à mesure qu'ils avançaient. Et subitement, ils débouchèrent dans une vaste salle éclairée par un puits de lumière. La parturiente gémissait sur un lit de feuilles sèches.

La délivrance fut aisée grâce au savoir-faire de la sage-femme et un petit schroettéli braillait bientôt auprès de sa mère (il avait la voix caverneuse, quoique un ton au-dessus du timbre des adultes).

L'experte accoucheuse s'attendait à recevoir une bonne récompense. Mais, après l'avoir reconduite à l'entrée, le nain ne lui remplit son tablier que de charbon… En lui disant d'un air moqueur : « Plus tu en perdras et plus tu le regretteras ! »

Dépitée, elle éparpilla tout au long de son chemin les morceaux de cette houille qui lui maculait les doigts, pestant contre ce cadeau encombrant (elle se chauffait au bois).

De retour chez elle, elle secoua ses vêtements. Et eut la surprise de voir briller les résidus de charbon de mille feux : c'étaient des diamants !

Devant ce miracle, la sage-femme comprit que le schroettéli ne l'avait point trompée. Elle retourna précipitamment sur ses pas, espérant retrouver tout ce trésor jeté dans les sentiers de la montagne.

Mais (bien entendu) elle n'arriva pas à se rappeler l'itinéraire qu'elle avait suivi. Et elle ne revit plus jamais le schroettéli (malgré les plats de lard aux patates qu'elle plaça comme appât devant sa porte durant des années…).

Les nains dans la mythologie suisse

On sait aujourd'hui que leur petite taille (moins de 1,30 mètres) est due à des anomalies chromosomiques ou à des maladies génétiques. Ce sont des personnes normales qui vivent dans des corps hors normes. Cette particularité a de tout temps frappé les esprits et il était inévitable qu'on en fasse des personnages de contes et légendes. Jadis, dit-on, on les employait souvent dans les mines, car ils pouvaient se glisser dans les galeries les plus étroites. Ils s'habillaient alors de couleurs vives, pour qu'on puisse mieux les distinguer dans l'obscurité des boyaux. D'où l'origine de leur bonnet rouge.

Comme ils passaient ainsi beaucoup de temps sous terre, et vivaient entre eux, on leur attribua vite des connaissances magiques. Surtout, en mineurs experts, on supposait qu'ils amassaient des diamants, des pépites d'or ou d'argent…

Afin d'exorciser les peurs qu'ils commençaient à susciter dans l'imaginaire collectif, on se mit à les représenter sous forme de statuettes d'argile. Un coup de génie commercial, car toute l'Europe se prit alors de passion pour ces figurines (on en fabrique des millions chaque année, exportées dans le monde entier). Devenant ainsi sympathiques, et leur utilisation dans les mines n'étant plus qu'un lointain souvenir, les nains devinrent les protecteurs des jardins où on prit l'habitude de les disposer.

Leur rôle dans la mythologie suisse est important. Ils sont représentés comme des êtres bienfaisants, qui se plaisent à aider les paysans dans leurs tâches. Discrètement, car ils n'aiment pas qu'on les surprenne et travaillent quand les hommes dorment. Le meunier trouvera son grain moulu à son réveil, le pâtre son fromage fait, le fermier son foin fauché et mis en tas… Ils habitent généralement dans de profondes grottes et les Alémaniques les appellent « Bergmännlein », soit nains ou génies de la montagne.

Dans le Pays de Vaud, on les confond souvent avec les servans, les génies de la maison. Qui sont serviables, certes, mais susceptibles : ils ne supportent pas que l'on se moque d'eux ou qu'on les néglige. Pour conserver leurs bonnes grâces, il est recommandé de jeter, lors du premier déjeuner, une cuillerée de lait sous la table. Et de la main gauche, c'est important ! Sinon, ils feront du tapage la nuit, déplaceront les meubles, cacheront les objets familiers, mettront toute une pièce sens dessus dessous.

Ces gardiens du foyer, on les retrouve dans toute l'Europe, sous divers noms. La Fontaine en parle dans une de ses fables, intitulée « Les Souhaits » :

> Il est au Mogol des follets,
> Qui font office de valets,
> Tiennent la maison propre,
> Ont soin de l'équipage,
> Et quelquefois du jardinage […]

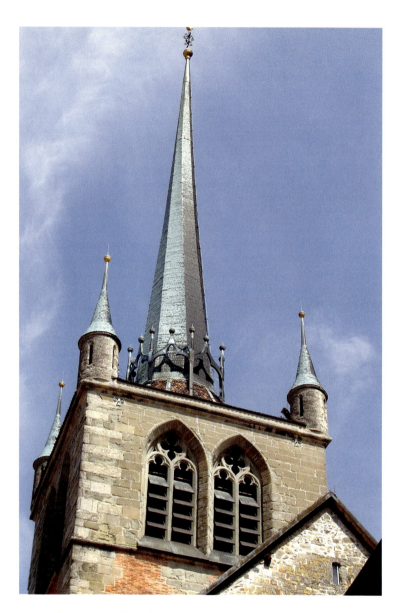

La flèche très effilée de l'église abbatiale de Payerne (Vaud), recouverte d'ardoises qui prennent une teinte vert-de-gris selon les reflets du jour, tourne de droite à gauche. À sa base, un gâble, ici dénommé « couronne de la reine Berthe ».

Quand le diable tord les clochers

La Suisse possède quatre clochers tors : ceux de Davos, Muttenz, Stein am Rhein et Payerne. Ces étranges constructions – on en compte une centaine en Europe – ont fait couler beaucoup d'encre. Qu'ils soient vrillés, tournés, flammés, enroulés, en spirales ou en volutes… ces clochers sont-ils l'œuvre d'hommes à l'esprit tordu ou de Satan tentant de détruire la « maison de Dieu » ?

Un clocher tors, ce n'est pas normal… Si ce doigt pointé vers le ciel, au-dessus d'une église, a été ainsi vrillé et déformé par une main puissante, ce ne peut être que celle du diable. La plupart des légendes donnent cette explication et s'en accommodent. Notez qu'une fois son mauvais coup fait, le Malin s'enfuit. Une certitude qui arrange bien les paroissiens : inutile donc de démolir le clocher tordu et d'en reconstruire un droit. Quand on touche au porte-monnaie, on trouve toujours des arrangements…

Pour tordre les clochers, le diable a diverses motivations. Parfois, le dépit : on l'a chassé des lieux en l'aspergeant d'eau bénite par surprise (il y est allergique) et sa queue enroulée autour de la flèche a vrillé celle-ci. Parfois, la vengeance : la sonnerie des cloches le gêne durant sa sieste et avant de décamper, il essaie de rompre l'édifice. Sans y arriver tout à fait, mais on voit bien qu'il a failli réussir…

On raconte même que dans certaines régions, Satan a essayé d'empêcher carrément l'édification d'un clocher. En posant une grosse pierre « invisible » sur la flèche en construction pour décourager les charpentiers. C'est alors que ceux-ci auraient trouvé la parade en imaginant une structure hélicoïdale pour la « visser dans le ciel » !

Les clochers se gondolent aussi parce que le diable se tord de rire quand il assiste à certains mariages. Notamment lorsqu'une mariée rougissante se présente tout de blanc virginal vêtue, et que le Malin sait – pardonnez-moi – que dans la commune seul le car postal ne lui est pas passé dessus. Dans le même esprit, plusieurs légendes affirment qu'un clocher tors se redressera quand trois vierges se marieront simultanément dans l'église. Autrement dit, ce n'est pas demain la veille !

Bien entendu, on attribue également la torsion de ces clochers à l'intempérance des charpentiers et au nombre

de litrons ingurgités. Au lieu de voir double, ils voyaient penché, de plus en plus penché, et une fois la déviation de leur ouvrage amorcée, étaient obligés d'aller au bout de leur spirale…

Une des explications les plus logiques, selon moi, est celle du paysan égaré avec sa vache lors d'une tempête de neige. Le malheureux errait dans un paysage qu'il ne reconnaissait plus, tant la couche était épaisse. Si épaisse que seul le clocher de son village dépassait. Découragé, il se résolut à attacher sa bête à la croix sommitale et partit chercher du secours. À son retour, la vache, une costaude, avait tellement tourné autour du clocher, tirant sur sa corde avec obstination dans le même sens, que la flèche était complètement vrillée. Heureusement que le redoux n'avait pas fait fondre la neige trop rapidement. Car si on avait aperçu une vache pendue dans le vide, accrochée au clocher, je suis sûr qu'on aurait encore accusé le diable… Qui cette fois n'y était pour rien !

Les clochers tors sont-ils dus aux prouesses de quelques maîtres charpentiers, ou leur torsion vient-elle au contraire de mauvaises techniques de construction ? Parfois, ces particularités s'expliquent par des négligences : le bois utilisé était trop vert et le séchage inégal des poutraisons a, au fil du temps, fait lentement vriller les flèches.
Les spécialistes se sont affrontés passionnément sur ces curiosités architecturales, chaque clocher tors étant unique. Aucun d'entre eux n'est la copie d'un autre ni la

répétition d'une technique maîtrisée. On estime que sur la centaine des clochers «flammés» répertoriés en Europe, la moitié est d'origine accidentelle. Une trentaine sont des chefs-d'œuvre élaborés par les compagnons charpentiers. Le reste prêtant toujours à controverse et suscitant des débats qui font rage chez les amoureux de ces étranges clochers, réunis en associations.

Leur forme varie : plans octogonaux, hexagonaux, pentagonaux, pyramidaux... Parfois, on a repéré l'événement naturel, une tempête dûment répertoriée, une tornade historique, qui ont fait tourner la flèche. Dans d'autres cas, il s'agit d'une erreur de construction. L'absence de croix de saint André, cet assemblage de pièces de bois qui maintient la rigidité de l'édifice, expliquant souvent la lente torsion.

Quand il s'agit d'une œuvre voulue, pensée, réfléchie, ce sont les fameux compagnons qui se sont attaqués à ces défis techniques. Et qui imposent de nos jours encore à leurs apprentis de construire des maquettes de clocher hélicoïdal.

Les clochers tors constituent un attrait touristique pour les communes qui en possèdent. Quand elles doivent se résoudre à les restaurer, elles imposent d'ailleurs - et les protecteurs du patrimoine s'en mêlent - qu'on les reconstruise aussi tordus qu'avant !

À **Stein am Rhein** (Schaffhouse), la flèche de l'église Saint-Georges est particulièrement effilé : 26,50 mètres de haut. Elle tourne de droite à gauche (nombre de clochers tors européens ont des flèches qui tournent de gauche à droite). Son clocher a été reconstruit à la fin du XVIe siècle.

À **Muttenz** (Bâle-Campagne), la flèche octogonale de l'église fortifiée de Saint-Abogast tourne de droite à gauche.

À **Davos** (Grisons), la flèche de l'église St. Johann vrille de droite à gauche, de un huitième de tour. Recouverte de bardeaux de châtaignier, elle a été entièrement refaite en 2003. Elle prolonge la tour carrée abritant le clocher.

À **Payerne** (Vaud), la flèche de l'abbatiale tourne de droite à gauche. Recouverte d'ardoise, elle est d'une extrême finesse et le vert-de-gris suintant des attaches de la couverture lui donne d'étonnants reflets. Elle surmonte une tour carrée coiffée de quatre clochetons d'angle.

Le violoneux, un colosse, remportait tous les tournois de lutte auxquels il participait. Mais son caractère colérique lui jouait parfois des tours…
Une fête de lutte à Berne, gravure de Marquard Wocher (1760-1830).

Le violoneux paye deux fois l'amende

Ce colosse du village d'Eisten, dans le Lötschental, était violoneux et lutteur. Ce qui paraît incompatible, quand on imagine les grosses pognes de l'homme face au fragile instrument. Et pourtant, il tenait l'archet et pinçait délicatement les cordes avec ses énormes doigts. Notre homme gagnait ainsi sa vie à faire danser dans les noces, et raflait tous les prix dans les tournois de lutte.

Cette notoriété, et aussi quelques affaires de cœur ayant tourné à son avantage (jouer des romances à une femme est un atout souvent déterminant), lui avaient valu de solides rancunes. Quelques jeunes gens d'autres villages décidèrent d'aller le défier. Ils fixèrent des plumes de coq de bruyère à leur chapeau (marque signifiant leur désir d'en découdre) et prirent le chemin d'Eisten.

Arrivés devant le chalet du violoneux, ils virent un grand sapin avec ses branches appuyé sur le mur devant l'entrée. L'arbre semblait avoir été arraché d'un seul coup, avec sa souche et ses racines. Un spectacle qui refroidit grandement nos lascars :

– Soyons raisonnables, dit l'un d'eux. Celui qui a déposé ici ce sapin pourra nous faire toucher terre sans forcer. Ce n'est pas de la couardise de renoncer…

Tous tombèrent d'accord, enlevèrent les plumes de leur chapeau et rentrèrent discrètement chez eux.

Le violoneux avait cependant mauvais caractère et, sûr de sa force, n'admettait pas la contradiction. Il provoquait maintes bagarres et on commençait à moins faire appel à ses services. Une énième querelle, qu'il déclencha lors d'un mariage, fut la goutte qui fit déborder le verre de schnaps. Le châtelain de Niedergesteln le condamna à une amende et envoya son huissier pour lui signifier le jugement et toucher l'argent.

Celui-ci, mort de peur, trouva le violoneux attablé à l'auberge. Qui écouta la sentence, grogna quand fut énoncé le montant à payer, mais, étonnamment, ne réagit pas avec colère. Les témoins n'en croyaient pas leurs yeux, et l'huissier commença à respirer. Allons ! L'affaire allait se régler au mieux. Il représentait la haute justice du châtelain, et cette grande brute se rendait compte qu'il ne servait à rien de protester.

— Paie sur-le-champ ! Tu méritais pire : pour ma part, je n'aurais pas eu autant d'indulgence !

Le violoneux sortit son gousset et aligna les pièces sur la table. Le compte était-il bon ?

— C'est juste, constata l'huissier.

— Attends ! Voici encore la même somme, une avance pour la prochaine fois que je me battrai.

— Ce sera enregistré, consentit l'huissier qui se hâta de ramasser l'argent.

Mais il n'eut pas le temps de tourner les talons. Renversant brusquement la table, le colosse l'attrapa par le col et lui rectifia promptement l'anatomie à coups de poings : tête au carré, oreilles étirées, yeux pochés... Avant de le jeter dehors en lui criant :

— Tu diras au châtelain de Niedergesteln que le violoneux a déjà payé l'amende !

Il est surprenant, sinon étrange, que cette légende, qui n'est somme toute qu'une anecdote de village, ait traversé le temps. Et qu'on ait eu plaisir à la raconter sans cesse dans le val de Lœtschen, où coule la Lonza. Il faut probablement en chercher la raison dans le fait qu'elle symbolise la révolte des humbles devant les puissants, l'exaspération des justiciables devant le pouvoir, la vengeance des gens ordinaires contre des fonctionnaires arrogants. Rosser les flics et assimilés a toujours trouvé beaucoup d'échos dans les contes populaires.

> L'histoire du château de Niedergesteln s'étale du XIIe au XIVe siècle. En 1170, une famille dauphinoise nommée de La Tour s'implante en ce lieu. Rapidement elle scelle une alliance avec les chevaliers de Châtillon. Cette nouvelle seigneurie relève du Saint-Empire romain germanique. En 1356, le comte de Savoie, appelé au secours de l'évêque menacé par les de La Tour, s'empare du Valais. Pierre V de La Tour accepte alors la suzeraineté de la Savoie. Après le meurtre de l'évêque Guichard par Antoine de la Tour, le 8 août 1375, la guerre reprend. Antoine de la Tour, battu près du pont de Saint-Léonard, s'enfuit à la cour de Savoie. Il vend son château au comte qui le revend immédiatement à l'évêque Édouard de Savoie. Après l'expulsion de ce dernier, le château est occupé et ruiné en été 1388, lors de la bataille de Viège, entre Amédée VII et les communes du Haut-Valais. Les troupes savoyardes sont vaincues et les Valaisans détruisent le château de Niedergesteln.

De grosses boules noires se dirigèrent vers le soleil à grande vitesse puis s'entrechoquèrent comme si elles menaient un combat... Gravure de Hans Glaser.

Les boules de Bâle

Est-ce une légende ? Ou un effet de l'imagination de populations trompées par des phénomènes optiques ? La visite d'extraterrestres ? Le 7 août 1566, les Bâlois assistent à une formidable bataille aérienne dans le ciel de leur cité. Ont-ils la berlue ? Ce qu'ils voient dépassent l'entendement. Et nous sommes au lever du soleil, les citoyens effarés sont donc à jeun.

Un étudiant en « écriture sacrée et en arts libéraux », un certain Samuel Coccius, relate l'événement dans la gazette de la ville : « … beaucoup de boules noires se dirigeaient à grande vitesse vers le soleil, puis elles firent demi-tour en s'entrechoquant les unes les autres comme si elles menaient un combat. Un grand nombre d'entre elles devinrent rouges et ignées. Par la suite, elles se consumèrent et s'éteignirent. »

Peu de mots, mais un grand retentissement. D'autant plus que cinq ans auparavant, le 4 avril 1561, un phénomène similaire avait bouleversé les habitants de Nuremberg. Là aussi, une gazette allemande décrit des objets bizarres qui mènent sarabande dans leur ciel : « … dont des boules, trois dans la longueur, de temps en temps, ou quatre dans un carré, beaucoup restaient isolées, et entre ces boules, on vit nombre de croix couleur de sang. Puis on vit deux grands tuyaux, dans lesquels

La gravure de Hans Glaser représentant le phénomène de Nuremberg fait la part belle à l'imaginaire. Le crash représenté dans un coin, notamment, peut faire sourire… Mais l'artiste a sans doute voulu rester dans le symbolisme.

petits et grands tuyaux se trouvaient trois boules, également quatre ou plus. Tous ces éléments commencèrent à lutter les uns contre les autres… »

Ce texte est un peu confus, mais on comprend que les habitants, qui restèrent, paraît-il, plus d'une heure le nez en l'air, aient été effrayés. Un artiste, Hans Glaser, réalisa une gravure de ces apparitions. Il n'y était pas, mais les témoignages étaient si précis qu'il ne dut pas forcer son talent. Ou à peine…

Les « tuyaux » de Nuremberg de 1561, par Glaser. On s'y croirait…

54

Une autre mention du phénomène se trouve dans les *Annals of Nuremburg*, par C. R. Jung : « … de nombreux hommes et femmes virent des boules rouge sang, ou bleuâtres, ou noires, et des disques circulaires en grand nombre au voisinage du levant. Le spectacle dura longtemps puis tout sembla tomber au sol comme s'il était en feu et fut consumé en une grande brume. »

Que pensent les incrédules, qui ricanent quand on leur parle de ces objets volants non identifiés ? Ils font tout d'abord remarquer que le calendrier julien était alors en vigueur et qu'il faut donc rajouter dix jours pour obtenir les dates correspondant à notre calendrier grégorien. Ce compte fait, on constate qu'à ces périodes se produisent d'intenses pluies d'étoiles filantes, les Lyrides, du 16 au 26 avril, et les Perséides, du 17 juillet au 24 août. L'intensité maximale de ces dernières étant généralement observée vers la mi-août. Ces étoiles filantes, de la taille d'un grain de sable, sont dues au passage de la comète Swift-Tuttle à proximité du soleil. Les poètes donnent à ces fugitives traînées le nom de « Larmes de saint Laurent », la fête de saint Laurent de Rome étant célébrée le 10 août. Rien d'étrange donc ? Il semble cependant difficile de confondre de grosses boules noires qui montent vers le soleil avec des débris de comète qui descendent vers la Terre… L'explication scientifique de ces illusions d'optique, si l'on veut rester dans le camp des esprits rationnels, est sans doute ailleurs. Mais si l'on se range parmi les farouches partisans des OVNI, on peut continuer à rêver…

Le crapaud coupable fut solennellement brûlé sur le bûcher.

Charlemagne condamne un crapaud au bûcher

Visitant son empire, Charlemagne s'arrête un jour à Zurich. Le temps ne se mesurait pas alors aussi hâtivement qu'aujourd'hui, et ces haltes pouvaient durer plusieurs mois. Afin de faire un « audit » complet de la cité et vérifier si elle était bien administrée.

Charlemagne tenait par-dessus tout à une bonne justice. Pour donner à chaque habitant la possibilité de se plaindre ou de dénoncer des abus, il fit élever une colonne à l'endroit où avaient été décapités les trois martyrs, Felix, Regula et Exuperantius (héros chrétiens de la fameuse légion thébaine, persécutés à Zurich après avoir échappé au massacre du défilé d'Agaune, ordonné par l'empereur romain Maximien au IIIe siècle).

Une cloche fut suspendue à cette colonne, et un héraut s'en alla par toute la ville proclamer que quiconque la sonnerait pour réclamer justice se verrait aussitôt reçu et entendu par Charlemagne.

– Et s'il le faut, j'interromprai même mon dîner pour écouter les doléances ! assura l'empereur.

Un jour, au milieu d'un festin, la cloche retentit. Un page se précipite, ne voit pas âme qui vive, et clame :
– Qui demande justice ?
Personne ne répond.

À peine était-il revenu dans la salle du banquet que la cloche sonne à nouveau. Le page rapplique dare-dare et met ses mains en porte-voix :

– Qui demande justice ?

Toujours personne.

Mais dès qu'il tourne les talons, la cloche sonne… Une troisième, puis une quatrième fois. Le page s'époumone :

– Au nom de l'empereur, mon maître, qui demande justice ?

Toujours rien. Voulant surprendre le mauvais plaisant qui lui joue sans doute un tour, le page se cache dans l'ombre. Et aperçoit alors un gros serpent qui s'enroule autour de la corde et se balance pour faire tinter la cloche !

Au récit de cette bizarrerie, Charlemagne s'émerveille. Il quitte précipitamment la table en criant :

– Justice ! Justice ! Hommes ou bêtes, je dois justice à tous mes sujets !

Suivi de toute sa cour, il court vers la colonne, juste à temps pour voir le serpent se faufiler vers les bords de la

Felix, sa sœur Regula et leur serviteur Exuperantius, avant leur mise à mort. Retable de Hans Leu l'Ancien, Zurich (vers 1500).

Limmat. (Le chroniqueur Brenwald, dernier prévôt du chapitre d'Embrach qui rapporte cette histoire, affirme que le reptile s'est incliné respectueusement devant l'empereur… Il est vrai que les serpents ont les reins plutôt souples.)

Le réclamant les conduit jusqu'à son nid, où un énorme crapaud a pris possession de son trou en écrasant ses œufs. Le flagrant délit est constaté. Charlemagne ordonne aussitôt qu'on saisisse le crapaud usurpateur et le condamne à être brûlé vif. Que justice soit faite ! On allume un bûcher et on grille solennellement le coupable.

Le lendemain, alors que Charlemagne dîne au milieu de ses courtisans (on mangeait beaucoup et longuement en ces temps-là), le serpent surgit sur la table. Ondulant vers la coupe de l'empereur, il laisse tomber dans celle-ci un gros diamant, s'incline une nouvelle fois respectueusement et disparaît. Frappé par ce prodige, Charlemagne prit deux décisions : offrir la pierre précieuse à son épouse (depuis Ève, les femmes ont des accointances avec les serpents) et construire une église à l'endroit où la cloche de justice avait tinté, sur l'île des martyrs. Ce fut la Wasserkirche.

Cette légende a un prolongement peu connu. Si les chroniqueurs omettent de le rapporter, c'est sans doute parce qu'il jette une ombre sur cette belle histoire et ne constitue pas une « fin heureuse »…

En fait, le diamant offert par le serpent et découvert dans le monde souterrain était un talisman aux pouvoirs redoutables. Si on le possédait, on pouvait s'assurer à tout jamais de l'amour absolu d'un homme ou d'une femme. La reine connaissait ce secret.

Ouvrons ici une parenthèse : cette épouse de Charlemagne ne pouvait être la dernière de ses six femmes, Gerswinde de Saxe, la

Contrairement à sa légende, Charlemagne était imberbe. Sur cette enluminure, il est représenté lors de son couronnement comme unique roi des Francs en 771. En 800, il sera couronné empereur à Rome par le pape Léon III. C'est cette date que les écoliers retiennent... Enluminure issue des *Grandes Chroniques de France* (XVIᵉ siècle).

seule ayant eu droit au titre d'impératrice et décédée bien après l'empereur, en 829. Restent donc les cinq autres... Est-ce Fastrade de Franconie, épousée en juin 783, deux mois après la disparition de la reine Hildegarde, et décédée en 794 ? Ou Liutgarde d'Alémanie, aussitôt épousée cette même année 794 (le lit royal ne pouvait rester froid) et morte en mars 800, quelques mois avant le sacre impérial de Charlemagne ? Dans ce cas, il faudrait convenir que l'archevêque Turpin, présent dans le récit, ne serait pas mort à Roncevaux en 778 comme le prétend **La Chanson de Roland,** mais en 806 comme le supposent les historiens... Quoi qu'il en soit, on sait que les légendes prennent leurs aises avec l'Histoire !

Dès que la reine eut accroché le talisman à son cou, Charlemagne, attiré par un charme étrange, vit son amour raisonnable (tous ses mariages seront dictés par des raisons politiques) se transformer subitement en passion exclusive. Il ne pouvait s'éloigner de sa reine, l'idolâtrant, oubliant ses projets de conquêtes, ses guerres, ses réformes administratives, ses plans les plus ambitieux… Une attitude nouvelle qui étonnait son entourage.

La reine meurt. Charlemagne, accablé de douleur, interdit qu'on l'enterre, exigeant de rester constamment près de son corps. Une telle folie intrigue l'archevêque Turpin qui soupçonne dans cette passion quelque maléfice. Il fait inspecter la dépouille royale et les médecins découvrent le diamant magique caché sous la langue de la défunte. À peine l'eut-on enlevé que Charlemagne, passant sa main sur le front comme s'il se réveillait d'un mauvais rêve, fixe son regard sur la reine morte et s'écrie : « Que vois-je ? Un cadavre hideux ! Pourquoi me laisser face à cette horreur ? Qu'on l'emporte dans un caveau ! »

Charlemagne et Turpin.
Vitrail de Notre-Dame de Chartres.

La légende de Charlemagne condamnant un crapaud nous rappelle les coutumes étonnantes concernant jadis le jugement des animaux, particulièrement aux XIIIe et XVIe siècles. Les coupables étaient incarcérés au même titre que les humains, puis le procureur requérait la mise en accusation. Le jour du procès, après le défilé des témoins, le juge prononçait la sentence. Et l'animal, parfois habillé en homme, était étranglé, ou pendu, ou brûlé publiquement.
Voici quelques exemples, parmi les affaires les plus célèbres.

En 1474, à Bâle, on assista au procès d'une poule, accusée de sorcellerie pour avoir pondu un œuf ne contenant pas de jaune. Certains chroniqueurs affirment même que c'est un coq qui aurait pondu l'œuf scandaleux...
Le volatile eut droit à un avocat qui plaida l'acte involontaire, en vain. Il fut condamné au bûcher. Ce ne fut qu'en 1710 qu'un chercheur découvrit que la ponte d'œufs sans jaune était la conséquence d'une maladie. Le procès ne fut pas révisé pour autant.
Les porcs ou les chiens qui attaquaient les enfants, les taureaux furieux qui tuaient leurs gardiens, étaient souvent condamnés : on les pendait par les pattes arrière à un arbre ou aux fourches patibulaires. La viande ne pouvait être consommée, les juges s'appuyant

sur un texte de l'Ancien Testament (Exode 21, 28) qui dispose : « Si un bœuf encorne un homme ou une femme et cause sa mort, le bœuf sera lapidé et l'on n'en mangera pas la viande. »

Les cas de bestialité englobaient dans la même peine l'homme et l'animal abusé : tous deux avaient droit au bûcher, car si l'animal n'était pas consentant, il était néanmoins « l'instrument du crime » !

La religion condamnait aussi les animaux accusés de causer des dommages. Ainsi, en 1451, des sangsues furent excommuniées par l'évêque de Lausanne parce qu'elles décimaient les poissons. Les mulots, les chenilles, les sauterelles, les charançons furent maintes fois condamnés et on leur ordonnait solennellement de quitter le diocèse… Les archives ne rapportent pas si les bannis obtempéraient ni si une excommunication, même majeure, leur faisait quelque effet.

Cette miniature de la Bible de Toggenburg (Saint-Gall), datant de 1441, représente des malades atteints de la peste noire, avec ses bubons caractéristiques.

Les trépassés veulent passer

La grande peste les a frappés et, par centaines, ils sont morts avant de pouvoir recevoir les derniers sacrements. Et confesser leurs péchés. Ce qui était, pour les catholiques de 1349, l'un des passeports pour être admis au paradis. Ainsi privées des ultimes secours de leur religion, ces pauvres âmes continuent d'errer sur Terre et se rassemblent, au lendemain de la Toussaint, en d'interminables processions.

En Valais, on prie depuis des siècles pour ces malheureux pénitents, qui défileraient nuitamment le jour des Morts. Pour les aider à gagner le ciel on a édifié une multitude de petites chapelles, dédiées à saint Barthélémy ou saint Sébastien, des calvaires, des chemins de croix. Une solidarité post mortem inscrite dans le paysage.

Qui a vu passer la procession des trépassés ? Les récits ne manquent pas. Un paysan du val des Dix – aujourd'hui en partie inondé par le lac artificiel du barrage de la Grande-Dixence –, rentré chez lui aux environs de minuit, aurait rencontré sur son chemin cette procession qui lui parut sans fin… Intrigué, il se renseigna auprès d'un des participants. Qui ne releva pas sa capuche pour lui répondre. Il aperçut seulement son regard las, empli d'une infinie tristesse.

– Nous sommes tous des morts de la grande peste. Se souvient-on encore de nous ? Il y a si longtemps que nous

marchons ! Mon groupe est l'un des premiers, mais regarde derrière moi, cette file qui se perd dans la nuit… Les derniers sont encore à la chapelle de sainte Marguerite, aux portes de Sion. Nous venons de la chapelle de Cleuson, et nous allons à celle de Pralong implorer l'intercession de notre saint apôtre Barthélémy pour la remise de nos péchés. Toi aussi, prie pour nous !

Le paysan tomba à genoux, tête baissée. Quand il la releva, il n'y avait plus personne sur le chemin.

La chronique rapporte un autre témoignage. Cette fois, il paraît que la procession des trépassés, qui empruntait chaque année le même itinéraire près du village de Salins, se trouva bloquée par la clôture d'un chalet nouvellement construit. C'était le milieu de la nuit, mais un des pénitents alla frapper à la porte. Une femme, qui veillait son mari gravement malade, lui ouvrit :

– Mon Dieu ! À cette heure ! Que désirez-vous, brave homme ?

– Passer notre chemin que vous avez barré. Nous le suivons depuis des siècles, chaque an à la même date. Pour racheter nos péchés. Vous ne pouvez mettre une barrière sur la voie de notre repentir…

Impressionnée, la paysanne se confondit en excuses et alla en chemise de nuit lever la palissade. À genoux au bord du fossé, elle regarda défiler la procession, les porteurs de croix, les gonfanons et bannières, les pénitents en robe blanche dont les silhouettes se détachaient sur un fond de lune… Combien de temps resta-t-elle prosternée ?

Le jour se levait quand le dernier membre de l'interminable cortège s'éloigna. Elle remit la palissade en place, se promettant de la retirer chaque année le jour des Morts. Puis rentra au chalet et trouva son mari trempant son pain dans un grand bol de lait. Gaillard et guéri.

La peste noire, apparue en Valais en 1348-1349, causa la mort d'environ un quart de la population adulte. Une hécatombe. Ce fléau était venu de Chine et des steppes de l'Asie centrale, passant par le port de Caffa, sur la mer Noire, à la suite de son siège par des troupes mongoles en 1346. L'épidémie se propagea ensuite à tout le pourtour méditerranéen, avant de toucher l'ensemble de l'Europe. Les populations, affectées également par des guerres meurtrières, vont diminuer d'un tiers en quelques décennies (quelque vingt-cinq millions de morts).

Après des accalmies, la maladie fera plusieurs retours dévastateurs durant plus de trois siècles. Le Valais connaîtra encore cinq épidémies jusqu'en 1450.

Les villes se vidèrent, les campagnes se dépeuplèrent. Ces malheurs entraînant, outre des bouleversements économiques et sociaux, une grande angoisse dans la chrétienté. Angoisse qui sera un des préludes à l'éclatement religieux du XVIe siècle.

Durant six semaines après sa mort, la mère pouvait revenir chaque nuit pour veiller sur son bébé…

Les pleurs de la mère morte

Dans un village d'Argovie, une paysanne meurt après avoir accouché d'un fils.

Malheur ordinaire qui dura trop de siècles.

On l'ensevelit dans le cimetière proche, séparé de sa maison par un torrent de montagne. Souvent en crue. Un modeste pont permettait aux cortèges funèbres de le franchir et on le traversait en portant le cercueil de sapin à dos d'hommes.

Misère ordinaire qui dura trop de siècles.

La nuit suivant l'enterrement, de longues plaintes tinrent les habitants éveillés de longues heures. La nuit suivante, les gémissements recommencèrent. Et ainsi, nuit après nuit. C'était à fendre le cœur. Et angoissant. Les chiens hurlaient à la lune… On parlait de malédictions, de diableries. De sorcières.

Superstition ordinaire qui dura trop de siècles.

Finalement, un vieillard se souvint de ce que racontaient les anciens aux veillées : les femmes qui mouraient en couches avaient la consolation de pouvoir revenir, six semaines durant, visiter leur enfant. Comme des anges invisibles, elles se penchaient sur les berceaux, profitaient de leurs premiers sourires, surveillaient leur fragile santé. Serait-ce la paysanne qui se plaignait ainsi? Et pourquoi?

Le mystère fut vite éclairci. Le pont, peu fréquenté, avait été brisé par un orage. La mère éplorée n'avait pu traverser le torrent et depuis se lamentait...

On se hâta de lancer quelques solides planches et de réparer provisoirement l'ouvrage. Le soir même, les tristes sanglots cessèrent. Apparemment, la pauvre morte sortait de sa tombe, allait voir son fils, puis s'en retournait au cimetière.

Émouvante croyance qui traversa les siècles.

On sait que, pour des raisons d'hygiène et à cause des grossesses continuelles qui les affaiblissaient, les femmes avaient autrefois un risque sur trois de perdre la vie en la donnant. Dans les villages, la parturiente était assistée par des matrones, dans des conditions sanitaires rudimentaires. On ne disposait que d'eau chaude… Les femmes « mettaient bas », ce qui signifie qu'elles restaient debout pendant l'expulsion, facilitée par cette position. Historiquement, c'est le médecin de Louis XIV, François Mauriceau, qui préconisa la position allongée, le roi désirant assister commodément à la naissance de ses enfants, de Louise de la Vallière. La femme se couchant, on « accouche » désormais.

L'aconit, ou « casque de Jupiter ». Extrêmement toxique, cette plante pouvait entraîner facilement la mort et les archers en enduisaient la pointe de leurs flèches. Elle était également associée aux pratiques de magie noire et les sorcières l'utilisaient dans leurs philtres maléfiques. Les loups garous, les démons et les vampires redoutaient l'aconit, nommé aussi « tue-loup bleu ».

La fleur qui tue

Le baron était fou de rage : il avait découvert que sa fille unique était tombée amoureuse d'un villageois. Événement fâcheux, bien loin de ses aspirations à la marier avec un parti avantageux qui lui aurait apporté alliance politique, territoires et argent. Il convoqua le jeune homme et masqua sa colère :

— Tu as eu l'insolence de lever les yeux sur ma fille ! La hardiesse d'oser l'aimer ! La folie de lui déclarer ta passion ! Pour ces crimes, je devrais te faire pendre et donner ta carcasse à ronger à mes chiens… Hélas ! ma fille dit qu'elle t'aime en retour. Elle me supplie de consentir à ce penchant et jure qu'elle en mourra si je n'ai pas pitié d'elle. Mon cœur de père s'est laissé attendrir. Mais il faut que tu la mérites et prouves que tu en es digne…

Un préambule qui indique bien que nous sommes dans une légende. Les personnages sont en place, l'épreuve à venir annoncée, la tension dramatique promet. Reste à planter le décor. Le voici.

Le baron, d'un ton mielleux, poursuivit :
— Sur la montagne qui domine mon château, un de mes ancêtres (glorieux, l'ancêtre) a fait jadis planter une croix. Le chemin est rude pour l'atteindre. Et long. Je sais que tu es un solide gaillard, tu gagnes toujours à la lutte

dans les joutes entre villages. Bon à la course, bon au lancer de pierre. Voici le défi que je te propose. Si, en portant ma fille dans tes bras, tu arrives, sans la poser en route, sans t'arrêter une seule seconde, jusqu'au pied de cette croix, je t'accorderai sa main. Acceptes-tu ?

Imaginez un seul instant que le pauvre prétendant refuse… La légende serait finie avant d'avoir commencé. La question paraît donc superflue. Un conteur expérimenté se doit cependant de faire durer le suspense quelques instants, le temps de boire une gorgée de blanc.

– Acceptes-tu ? demanda le baron (d'un ton toujours mielleux).
– J'accepte, répondit fièrement le jeune villageois (à cet âge on ne doute de rien et la fille du baron n'était pas obèse).
– Alors, demain dimanche, à la sortie de la messe, l'épreuve aura lieu. Passe une nuit réparatrice en attendant.

Le lendemain, tout le village, averti du spectacle (à la campagne, en ce temps-là, on avait rarement l'occasion de s'esbaudir), était devant l'église pour voir le départ de l'épreuve. Le jeune homme, un peu pâle, est encouragé par ses amis. Le baron arrive à cheval, entouré de ses gens. Sa fille descend de sa jument blanche (non, pas noire, ce serait contraire à la symbolique de l'histoire). Elle est tremblante, rosissante, chancelante. Son destin va se jouer dans les bras noueux de son amoureux.

Remarque éthologique : on comprend que dans la nature les femelles préfèrent choisir des mâles forts, plutôt que des chétifs. Les costauds, ça peut servir pour protéger et défendre. Chez les humains, et de nos jours, la richesse a souvent remplacé le muscle, mais la finalité reste la même.

L'amant rural prend sa noble amante dans ses bras, l'assure du mieux qu'il peut, puis s'élance vers la montagne. D'un pas alerte et assuré. Du moins durant le premier quart d'heure. Mais à mesure que le sentier s'enroule et s'élève, il ralentit la cadence. Diable ! C'est plus difficile qu'il n'espérait…

De loin, les villageois lui crient leur soutien. Ces exhortations le stimulent. Il se ressaisit, reprend sa marche, son doux fardeau (mais fardeau quand même) dans les bras.

Il est désormais à mi-course. Commence à nouveau à peiner. Chaque enjambée lui coûte un effort de plus en plus grand. Des crampes raidissent ses jambes. Mais il lui faut avancer. Un pas, encore un pas…

D'en bas, le baron constate que l'amoureux téméraire paraît au bout de ses forces. Et un rictus de mauvaise joie tord sa figure.

Tout à coup, le porteur trébuche… La foule hurle.

Non, il n'est pas tombé. La fille du baron lève les bras, comme si elle voulait se faire plus légère. Murmure quelques mots tendres à son oreille. Potion magique qui ranime son amoureux. Il repart avec courage. La fatigue l'accable cependant de plus en plus. Il cherche toutes les positions possibles pour soulager ses muscles. Juche sa belle sur son dos, à califourchon, accrochée à son cou… Ses yeux se troublent. Ses jambes tremblent. Le doute l'envahit. Il n'y arrivera jamais !

La description de cette montée peut varier au gré du conteur. Les plus inventifs imaginent des incidents de parcours selon leur humeur et l'attention des auditeurs. Certains tiennent bien la demi-heure… Mais en général, quand il n'y a plus de bûches dans la cheminée, on s'approche de la conclusion.

Le sommet est enfin proche. Encore quelques pierriers, quelques passages encombrés de buissons épineux, quelques raidillons. La croix est là, tout près, se dressant au milieu d'un champ de fleurs aussi bleues que les yeux de la fille du baron. Le couple la touche enfin, brandissant le poing de la victoire : ils ont gagné leur bonheur !

En bas, le baron hurle sa déception :

— Ce paysan ne sera jamais mon gendre ! Je ramènerai ma fille, de force s'il le faut. Et je l'enfermerai au plus profond du château. Jusqu'à ce qu'elle retrouve la raison…

Quand le baron et ses hommes atteignent le sommet de la montagne, ils trouvent les deux amants enlacés.
— Séparez-les, ordonne le baron.
Posant pied à terre, un des serviteurs s'approche, se met à genoux et se signe :
— On ne peut les séparer, monsieur le baron. Dieu ne le veut pas : ils sont morts…

Que s'est-il passé ? L'effort a été si intense que le cœur du courageux porteur a lâché. Désespérée, son amante a cueilli en hâte une brassée de ces fleurs si bleues, les aconits, qu'on appelle aussi « casques de Jupiter ». Des fleurs si vénéneuses qu'il lui a suffi d'en respirer le parfum à pleins poumons et d'en mâchonner quelques branches pour mourir auprès de son bien-aimé.

77

Le berger dut assister à la sarabande de créatures épouvantables…
La Ronde des farfadets. Tableau de David Ryckaert (1612-1661).

Rozinna, la vache boiteuse d'Anniviers

Les chèvres, le diable est caché dedans. Tous les bergers vous le diront. Les vaches sont plus placides. Plus raisonnables. Plus philosophes : à quoi bon vouloir faire tourner en bourrique le pâtre qui s'occupe si bien de vous ?

Mais il y a des exceptions. Dans le val d'Anniviers, Rozinna était la plus capricieuse de son troupeau et en faisait voir de toutes les couleurs au vacher. Au soir de la désalpe, quand toutes ses bêtes furent redescendues et rassemblées sur le Plat-de-la-Lé, celui-ci s'aperçut avec désespoir qu'une fois de plus Rozinna manquait à l'appel.

– Bon dieu de Nend ! Où est encore passée cette coquine !

Il n'y avait qu'une chose à faire : remonter jusqu'au chalet d'alpage pour essayer de retrouver la fugueuse. Après une journée aussi pénible, gravir à nouveau le raide chemin n'était pas un cadeau... Ah la vache !

Voici enfin le chalet. Et Rozinna qui accourt pour se frotter au berger... Elle devait commencer à s'inquiéter et ne faisait plus la maligne. Car la nuit tombait maintenant. Impossible de redescendre dans l'obscurité : le berger décide de coucher dans le chalet déserté. Il attache la vache dans l'étable, solidement. Pas de risque que tu t'échappes à nouveau, maudite Rozinna !

Brisé de fatigue, le berger s'endort dans l'alcôve. Au milieu de la nuit, un bruit infernal le réveille. La porte est violemment repoussée et une cohorte de spectres, de diables, de démons pénètre dans le chalet. Des créatures monstrueuses dansent la sarabande avec des fantômes de paysans au visage livide… Tous hurlent qu'ils ont faim ! Repérant Rozinna, ils se jettent sur elle comme des bêtes sauvages, la tuent, l'écorchent et la dévorent. Le berger, terrifié, a eu juste le temps de se cacher sous son lit et assiste à ce carnage. Pourvu que ces monstres ne le repèrent pas !

Souhait vain. Un de ces diables à forme humaine le tire par une jambe hors de sa cachette. Puis l'oblige, avec de froides tapes dans le dos et des rires redoutables, à participer au festin. Comment résister ? Du bout des lèvres, le berger mâchonne un bout de jarret.

Quand la troupe est bien rassasiée et qu'il ne reste plus que les ossements de la malheureuse Rozinna, les démons font le ménage d'une bien étrange façon. Ils rassemblent tout ce qui reste de la carcasse, n'oubliant aucun os, et jettent le tout dans la peau de la vache… En partant, le dernier prononce une formule magique et Rozinna est à nouveau debout, bien vivante, ruminant sans émoi apparent.

En se réveillant, le pâtre constate que sa vache, bien reposée, est en pleine forme. Allons ! il n'a fait qu'un cauchemar. Ces créatures épouvantables, cette danse infernale, cette boucherie immonde… Tout n'était qu'un mauvais rêve qui le fait encore frissonner.

Mais en redescendant le sentier vers le Plat-de-la-Lé, il s'aperçoit que Rozinna boite bas. Et qu'un gros morceau de chair a été arraché à l'une de ses pattes… Bon Dieu de Nend ! C'est justement ce morceau que les démons l'ont forcé à manger !

L'alpage de la Lé, situé à plus de 2000 mètres d'altitude entre pierriers et forêts, sur les hauteurs du val d'Anniviers (Valais), est aujourd'hui abandonné. En été, on l'atteint après avoir longé la Navizence et grimpé vers le Petit-Mountet par un sentier dominant de splendides paysages. Un parcours que Rozinna la boiteuse n'a jamais pu refaire!

« Si la reine des serpents apparaît, supplia l'écolier errant, tuez-moi à coups de fourche ! Cela m'épargnera les atroces souffrances que cet affreux reptile m'infligerait… »

L'écolier errant et les serpents de Saas-Fee

Pourquoi n'y a-t-il aucun serpent sur les terres de Zermatt et de Saas, bien éloignées les unes des autres, à chaque bout de la vallée de Viège? C'est un mystère pour les esprits rationnels, qui ne prennent en compte que des éléments vérifiables: altitude, exposition, climat, nature des sols… Les serpents devraient se plaire ici autant qu'ailleurs et d'anciennes chroniques affirment que les reptiles y pullulaient jadis. Et puis un jour…

Il appartenait aux «écoliers errants», comme on les nommait autrefois. Leur métier étant de voyager sans cesse, par monts et par vaux, afin d'apprendre l'art de la magie noire auprès de tous les sorciers qui acceptaient de transmettre leur savoir. Riches d'un enseignement glané dans ce vagabondage permanent, ils proposaient leurs services aux paysans, dans les campagnes les plus reculées. Voulait-on guérir des dents? Ils pendaient au cou du patient une formule magique. Avait-on mal aux yeux? Ils marmonnaient une prière. Ils effaçaient les brûlures d'une invocation. Arrêtaient les infections avec quelques signes cabalistiques. Retrouvaient les trésors, prédisaient l'avenir… Et, ce qui achevait de leur donner un certain prestige, prétendaient traiter avec le diable.

Or donc, un de ces drôles arriva dans la vallée de Viège et offrit aux habitants de les débarrasser des serpents. Son prix : un habit neuf ! Ce qui n'était pas rien à une époque où un pantalon et un gilet de fête duraient toute une vie.

Le village de Tamatten refusa le marché. On connaissait ces écoliers errants, fourbes et rusés, qui vivaient aux crochets des gens crédules !

En revanche, les villages de Grund et Fee acceptèrent. Les serpents étaient redoutés, même si on n'accordait plus de crédit aux vieilles croyances qui assuraient que les vipères venaient téter les pis des vaches et troubler leur lait.

L'écolier donna rendez-vous aux habitants au bord de la rivière et grimpa sur un rocher. Du haut de cette tribune, il les harangua :

– Gens de Grund! Gens de Fee! Je vais appeler tous les serpents qui grouillent sur vos terres et vous importunent. Afin de les chasser à jamais. Mais je risque gros, et l'habit de bon drap que vous me donnez vaut bien le danger que je vais courir… Voici pourquoi : vous allez voir surgir tout d'abord un grand serpent blanc, suivi de centaines de ses sujets. N'ayez pas peur : je les ferai disparaître. Puis un deuxième serpent blanc, aussi long que le premier, arrivera avec d'autres centaines de reptiles. Je les ferai également disparaître. Mais si, par malheur, un troisième serpent blanc apparaissait, je vous supplie de me tuer sur-le-champ. Car ce serait la cruelle reine des serpents, à qui personne ne peut échapper. Et je préfère mourir d'un coup de faux ou de fourche plutôt que de périr dans d'atroces et longues souffrances, piqué par son venin…

Juché sur son rocher, l'écolier commença alors à chanter une étrange mélopée. Et bientôt le premier serpent blanc apparut, précédant une masse grouillante de reptiles dorés et noirs. Ils étaient si nombreux qu'ils se chevauchaient, se mêlaient, s'entrelaçaient, entourant la base du rocher et tentant de le gravir…

– Serpents de Grund! Serpents de Fee! Par saint Clément, par saint Patrick, je vous ordonne de quitter immédiatement ces territoires et de n'y plus jamais revenir!

En quelques minutes, les centaines de reptiles parurent s'évanouir dans les eaux de la Viège.

Mais déjà, un deuxième serpent blanc se présentait, suivi de hordes sifflantes et luisantes. Des serpents gris, noirs, mordorés, des couleuvres et des vipères de toutes espèces… Venimeux ou inoffensifs, utiles ou nuisibles, qu'importe! Tous, sans distinction, étaient maudits par les habitants.

– Serpents de Grund! Serpents de Fee! Par saint Clément, par saint Patrick, je vous ordonne de quitter immédiatement ces territoires et de n'y plus jamais revenir! clama l'écolier.

L'invocation stoppa net les serpents qui grimpaient les uns par-dessus les autres vers le rocher. Ils se laissèrent glisser en grappes dans la rivière et parurent se dissoudre dans l'eau verte.

La reine des serpents allait-elle maintenant venir? Le redoutable, l'implacable reptile, qui étouffe, qui mord et foudroie en un instant, comme l'avait décrit l'écolier errant? Il n'apparut pas, mais les villageois attendirent longtemps avant d'être rassurés. Se disant à la fin que le spectacle – pour la vermine faudrait voir – valait bien un habit neuf.

L'écolier ne les avait cependant pas trompés. Plus aucun serpent ne se rencontra sur les terres de Grund et de Fee. Alors qu'ils grouillaient toujours à Tamatten. On raconte même qu'un paysan de ce village, qui allait à Grund avec son char de foin, fit un arrêt sur le pont de la scierie. Juste le temps de voir glisser à terre un gros serpent qui s'empressa de revenir sur le territoire de Tamatten. Comme si un maléfice lui interdisait de franchir cette limite.

> À Zermatt, l'écolier errant aurait utilisé une autre forme de magie. En jouant de la flûte, il aurait attiré et rassemblé les serpents avant de les conduire vers un trou profond, qu'il boucha ensuite d'une grosse pierre. Légende que l'on peut rapprocher de celle du fameux joueur de flûte allemand qui charma, en 1284 paraît-il, les rats de la ville de Hamelin et les emmena se noyer dans la rivière.

Il faut être un bon grimpeur pour chasser le chamois. Et avoir les épaules solides pour redescendre le gibier sur son dos le long des parois. Dessin issu de *La Suisse pittoresque et ses environs*.

Le chamois blanc du col Ferret

Année après année, les chasseurs d'Orsières (Valais), en parlaient avec admiration. C'était assurément le roi des chamois. Un exemplaire unique, qui présentait la particularité d'avoir un pelage noir en été et doré en hiver, presque blanc. À l'inverse de ses congénères qui savent s'adapter aux saisons (on sait que les couleurs sombres gardent mieux la chaleur du soleil et que les claires la renvoient). Ce chamois était donc une exception. Troublante.

Autre originalité : il vivait seul, à l'écart de la harde, même au printemps, saison des accouplements. Ce qui lui avait valu un surnom : les chasseurs l'appelaient « l'Ermite ».

Quel âge avait ce chamois ? Il y avait si longtemps qu'on le traquait ! Une vingtaine d'années pour le moins. Il arrivait donc au terme de sa vie, qui dépendait de l'usure de ses dents. Bientôt il ne pourrait plus se nourrir suffisamment, cette fin étant le destin de tous les chamois qui ont échappé au loup ou aux avalanches.

Cela dit, c'était encore une bête magnifique, qui atteignait une soixantaine de kilos en automne, quand ses réserves de graisse étaient maximales.

Ce chamois hors norme semblait protégé par quelque sortilège. On lui avait tant tiré dessus, sans qu'aucune balle jamais ne le blesse, que peu à peu on cessa de le pourchasser. Il était peut-être habité par le diable, suspectaient les chasseurs d'Orsières, insensiblement gagnés par la crainte... Et le respect. Mieux valait donc l'éviter, d'autant plus que sa viande devait être aussi dure que le roc !

Accrocher le trophée de ce chamois dans leur carnotzet les faisait cependant toujours rêver. Un jour, alors que les anciens évoquaient l'animal invulnérable à l'auberge du village, et racontaient anecdote sur anecdote à son propos, trois frères se moquèrent :

– Vous nous faites rire, avec votre vieille bique ! Vous n'êtes que des maladroits. En vérité, vous n'avez jamais pu l'approcher à la bonne distance et vos tirs étaient trop lointains. Il faut être de bons grimpeurs pour chasser le chamois. Et avoir les épaules solides pour redescendre une cinquantaine de kilos de viande sur le dos. Nous, les trois frères Niel, nous allons tuer votre bête, qu'elle soit ensorcelée ou pas.

– Vous faites les malins ! Si vous réussissez, on veut bien vous payer à boire jusqu'à la Saint-Hubert...

– C'est demain dimanche. Nous partirons à l'aube pour le col Ferret.

– On ne chasse pas le jour du Seigneur !

– Le dimanche, la poudre s'enflamme comme les autres jours. Et les balles sortiront du canon de nos carabines comme d'habitude. Avez-vous peur de Dieu ou du diable ?

Quand les cloches sonnèrent la messe, ce dimanche matin, les trois frères étaient déjà dans la montagne. Le chamois avait été repéré aux jumelles. Il fallait l'approcher sous le vent, son odorat étant sa meilleure défense. Le plus discrètement possible. Mais le bruit de quelques pierres, dévalant sous les souliers des grimpeurs, l'alerta.

Seule sa tête dépassait d'un rocher : il observait attentivement les intrus. Les chamois distinguent mal ce qui reste immobile, mais identifient tout ce qui bouge dans un rayon de cinq cents mètres.

– Je vais le contourner, murmura l'aîné à ses frères. Continuez à l'occuper…

Les minutes passèrent. Le chamois doré se déplaça, de telle façon que sa position était maintenant idéale. Dressé sur une vire, dans toute sa splendeur.

- Je le tire ! décida alors le cadet.

Le bruit du coup de feu résonna dans les parois, se répercuta d'écho en écho. Le chamois fit un bond et disparut.

Malheur ! L'aîné, qui se trouvait en face, une centaine de mètres derrière la cible, dans la ligne de tir, avait reçu la balle en pleine tête. Et c'est le cadavre de leur frère que

les malheureux redescendirent sur leurs épaules jusqu'à Orsières.

Pas le chamois.

Ce drame avait bouleversé le village. Ce chamois était bien maudit! Les deux frères survivants jurèrent qu'ils le traqueraient désormais sans relâche et qu'ils auraient sa peau.

Le plus jeune jugea qu'il valait mieux partir seul. Traumatisé par la mort de son aîné, il craignait le tir accidentel d'autres chasseurs. Prévoyant de poursuivre la bête longtemps, il prit trois jours de vivres et partit pour le col Ferret.

Le quatrième jour était un dimanche et le jeune Niel n'était pas revenu. Un froid glacial, inhabituel pour la saison, s'était abattu sur l'alpe durant la nuit. Il avait beaucoup neigé pour un début de novembre. Quelques hommes d'Orsières décidèrent, malgré ces mauvaises conditions, d'aller à la recherche du jeune chasseur. Dans le brouillard, ils aperçurent, bien au-dessus d'eux, la silhouette du chamois, qui surveillait leur approche. On le tira, sans conviction…

Après des heures d'efforts épuisants, ils retrouvèrent le cadet des Niel. Qui serrait sa carabine contre lui: il était mort gelé. Sur un traîneau improvisé, fait de deux branches de sapin, on redescendit sa dépouille au village.

Pas celle du chamois.

Le troisième frère, fou de chagrin, réussit à convaincre les chasseurs d'Orsières qu'il fallait organiser une grande battue pour éliminer enfin ce chamois démoniaque.

– Vous ne devez pas supporter que cette bête nous nargue depuis des années! Elle apporte le malheur sur nos alpages. Vous devez m'aider à venger mes frères!

Pourquoi fallut-il qu'ils partent tous pour le col Ferret un dimanche ? Alors que les cloches appelaient les paroissiens à la messe ?

Dès lors, semble-t-il, tout était écrit. Les chasseurs se répartirent les postes de tir dans la montagne. Le chamois doré fut certes débusqué, mais il apparaissait et disparaissait. Attirant ses poursuivants, les exaspérant, les forçant à grimper plus haut, toujours plus haut. Jusqu'au glacier, jusqu'à cette crevasse invisible sous la neige… Qui engloutit le dernier frère Niel.

Mais pas le chamois.

Des variantes de cette légende donnent toutes le même avertissement : on ne doit pas chasser le dimanche et ne pas préférer poursuivre le gibier plutôt que d'aller à la messe ! Une légende lucernoise met ainsi en scène une jeune chasseresse, surnommée « la Louve », qui part à la chasse avec un étrange compagnon… Celui-ci la dissuade d'aller à l'église, ricanant contre les dévots. Le diable, car c'est bien lui, prend possession de la fille et l'oblige à participer à des chasses infernales sur des montures géantes, précédées d'une meute hurlante de molosses démesurés… Jusqu'à la fin des temps.
Doux Jésus !

Le pâtre, miraculeusement rescapé de sa chute, se hissa sur un rocher et commença à jouer un air merveilleux…
Dessin d'Eugène Reichlen (1921).

Le chant du torrent

Trois fromagers vivaient autrefois sur la montagne de la Blümlisalp, dans l'Oberland bernois. Ils ne s'appréciaient guère, mais la solitude les forçait à se fréquenter. Deux d'entre eux descendaient de temps à autre à Gugginen, pour participer aux veillées du village et danser avec les filles. Le troisième restait dans son chalet, près de la chaleur de ses vaches, préférant jouer du violon en regardant les étoiles. À chacun ses penchants.

Il arriva que les deux fêtards, désireux d'impressionner les belles de Gugginen, réussirent à convaincre le violoneux de les accompagner. La descente vers le village n'était pas de tout repos. Il fallait traverser des forêts, longer des arêtes et névés, contourner des crevasses. À un endroit, les trois pâtres devaient franchir d'un bond la gorge d'un des torrents qui tombent des hauteurs du Petersgrat. L'eau bouillonnait tout en bas... Mais ils s'élançaient sans crainte, comme des chamois.

À Gugginen, c'est la liesse ce soir-là. Des filles sont venues des alpages de Gletscher et de Fafler, vêtues de leurs habits de fête. Sur les plateaux sont disposés toutes sortes de gâteaux dorés, débordants de confiture aux airelles. Un plat d'étain finement ciselé sera le prix offert au meilleur couple de danseurs.

95

Les trois pâtres sont accueillis avec excitation et le violoneux est invité à jouer sans tarder. Tout ce monde a des fourmis dans les jambes et il faut s'amuser !

On danse, on danse, à en avoir le souffle coupé. Mais le son du violon est si beau, si pur, que bientôt chaque danseur s'arrête et l'on forme un cercle autour du violoneux. Qui joue les yeux fermés des airs sublimes et doux. Une musique céleste évoquant la pureté de la montagne, les ciels clairs sous la lune, la fraternité et l'amour.

L'amour… Des larmes coulent sur le visage des femmes. Elles sont remuées au plus profond d'elles-mêmes, troublées par l'étrange beauté de ces chants plaintifs qui s'échappent de l'instrument.

Quand le violoneux s'arrête enfin, les applaudissements, les hourras crépitent. Le verdict est unanime : pour une fois, c'est lui qui aura le prix et non les danseurs !

Ses deux compagnons ont cependant la rage au cœur. Ils avaient trouvé une cavalière particulièrement charmante, qu'ils avaient fait danser à tour de rôle, et s'étaient fort démenés pour gagner le prix. Leur seul doute avait été : qui de nous deux l'emportera sur l'autre ? La décision finale les avaient donc surpris et ulcérés.

Sur le chemin du retour, ils se concertent et décident de se venger du violoneux. Où feront-ils leur mauvais coup ? Arrivés à l'endroit où le gouffre du torrent doit être traversé d'un bond, ils s'arrangent pour le déséquilibrer et le poussent dans l'abîme.

– Jésus ! hurle le malheureux en tombant. L'écho de ce cri résonne dans les profondeurs de la gorge et se répercute jusqu'au sommet des montagnes. (Certains chroniqueurs affirment que le violoneux aurait crié « Jésus, Marie et saint Joseph ! ». Ce qui paraît un peu long dans l'urgence et doit donc être mis au crédit du lyrisme excessif des narrateurs.)

Les deux assassins, peut-être horrifiés par leur geste, se disputent cependant près du gouffre. S'accusent-ils mutuellement du crime? Ou veulent-ils se battre pour les beaux yeux de leur cavalière, qui a flirté autant avec l'un qu'avec l'autre? Toujours est-il qu'ils s'empoignent, se roulent furieusement sur le sol, s'étreignent et se soulèvent... Et soudain, comme une boule de haine, chutent à leur tour dans le précipice.

Depuis ces tragiques événements, il se passe d'étranges choses les nuits de pleine lune. Les pâtres de la région racontent, en se signant, ce que l'on se transmet de générations en générations. Croyez-les...
Il paraît que quand la lumière froide fait luire l'arête des rochers et que la première chouette chuinte, deux

hommes sortent de la forêt. Ils courent vers le haut de la gorge, tout en se bousculant et s'agrippant, se battent en silence de longues minutes, puis tombent dans le torrent en poussant un cri terrible… Le temps de réciter un Pater, les voilà qui ressortent à nouveau du bois, s'empoignent, se rouent de coups et roulent dans l'abîme…

Et cela continue toute la nuit. Inlassablement, les deux furieux resurgissent et luttent férocement avant de disparaître dans les remous du torrent. Leurs hurlements, chute après chute, glace le sang.

Ils sont ainsi condamnés à se haïr, à se battre, et à périr ensemble jusqu'à la fin des temps.

Bonne nouvelle pour terminer cette légende : le violoneux n'était pas mort ! Le ciel n'avait pas permis qu'il se tue et l'eau tombant en cascade sur sa figure le ranima. Mais comment put-il sortir de ce trou sans être emporté dans les remous du torrent ? Désespéré, il se hissa sur un rocher et commença à jouer du violon. (Vous ne comprenez pas comment ce fragile instrument ne s'est pas brisé ? Si vous ergotez à tout propos, on n'en finira jamais !)

Les notes cristallines dominent le vacarme du torrent, la musique s'élève jusqu'à la Reine des anges, les plus émouvants hymnes à la Vierge s'envolent vers le ciel… Ce chant merveilleux touche la Consolatrice des affligés. Elle ordonne aux parois de pierre de se creuser et façonne les marches d'un escalier. Le violoneux remonte pas à pas, et bientôt retrouve la prairie sommitale. Sauvé !

Ce matin-là, intriguées par un air de violon qui sortait de la chapelle de Kühmatt, des femmes trouvèrent devant l'autel le violoneux. Elles l'écoutèrent jouer, longtemps, captivées par cette musique céleste. Quand il s'arrêta, il s'agenouilla, puis alla déposer son instrument aux pieds de la statue de la Vierge…

On ne le revit plus jamais.

Seule sa musique demeure : si vous allez vous promener au-dessus du torrent, près de la gorge bouillonnante, vous distinguerez (en prêtant bien l'oreille) une merveilleuse mélodie qui montera vers vous. Celle que le violoneux joue à jamais pour remercier la mère de Jésus.

La Vierge aux anges. Tableau de William Bouguereau (1825-1905).

Les vingt-quatre cavaliers qui encadraient le juge disparurent soudain comme par enchantement…

Les cavaliers protecteurs du juge de Bellinzone

Les juges font un rude métier. Les justiciables les remercient peu souvent et les mécontents sont nombreux. Certains vont même jusqu'à leur en vouloir. C'est ainsi que trois gredins, condamnés à de lourdes peines et libérés depuis peu, s'étaient jurés de faire la peau au juge de Bellinzone.

Celui-ci n'était pas plus mauvais qu'un autre. On le disait intègre, qualité assez rare à l'époque. Seule restriction : il ne fallait pas être jugé quand il avait une crise de goutte, car alors on pouvait prendre dix ans pour le vol d'un panettone. Qui a dit que l'humeur n'est pas dans le code pénal ?

Nos lascars avaient étudié les déplacements du juge, appelé souvent à officier aux quatre coins du canton. Celui-ci allait à cheval, sans crainte, confiant dans le respect que le bon peuple devait à sa charge.

Ce soir-là, alors que la lune était pleine et miroitait sur le lac Majeur, le juge écoutait le lointain carillon de l'église de Madonna del Sasso. Quelle belle soirée !

Les trois malandrins attendaient le juge dans un chemin creux, poignard en main. Quand ils entendirent le bruit d'une cavalcade, ils se préparèrent à barrer le chemin au cheval, à désarçonner le cavalier, puis à le larder de coups. Mais ce furent deux chevaliers, portant armes et armure, qui déboulèrent tout d'abord, précédant le juge et sa monture, un troisième chevalier fermant la chevauchée... C'était raté.

– La prochaine fois on t'aura, maudit juge !

Quelques semaines plus tard, le magistrat dut se déplacer dans les environs de Giubiasco. Bien renseignés, les gredins étaient cette fois au nombre de six. À deux contre un, ils pensaient maîtriser l'escorte du juge. Mais le bruit des sabots de la troupe qui approchait paraissait bien fourni... Effectivement, ce furent douze cavaliers, six devant le juge, et six derrière, qui passèrent en trombe. Encore raté.

– La prochaine fois on t'aura, maudit juge !

Cet échec enragea toute la tribu des malfaisants de la région. Qui s'échauffaient en entendant raconter les tentatives avortées. Il fallait s'unir pour éliminer ce juge qui les défiait et rendait leurs vies de rapine impossible !

Cette fois, c'est un groupe d'une vingtaine de gredins, armés de couteaux et de lourds bâtons, qui se postèrent dans les prés du village de Cadenazzo. Leurs indicateurs les avaient assurés que le juge de Bellinzone emprunterait tard dans la nuit cet itinéraire pour regagner sa demeure. Cachés derrière un mur, ils comptaient sur l'effet de surprise et l'obscurité pour disperser les cavaliers protecteurs. Il suffirait alors d'un homme décidé pour bondir sur le magistrat et le poignarder.

– Cette fois, c'est sûr, on t'aura maudit juge !
Les voilà !

Un guetteur a crié. Mais c'est une solide escorte qui arrive bride abattue : douze cavaliers devant, avec épées et armures, encadrant le juge, puis douze cavaliers tout aussi lourdement équipés, derrière !

Dépités et incrédules, les malfrats prennent un raccourci pour aller attendre le juge à Bellinzone, devant sa maison. Ils arrivent juste à temps pour apercevoir le magistrat mettre tranquillement pied à terre et pénétrer dans sa demeure. Les yeux écarquillés de stupeur, ils voient aussi disparaître, comme par enchantement, les vingt-quatre chevaliers qui s'évanouissent comme une brume dans la nuit…

La suite de cette légende varie selon la morale et les intentions du conteur. Les uns vous diront que, pris de remords, les trois gredins s'en vont confesser au juge leurs coupables intentions : ces chevaliers anges gardiens étaient sûrement envoyés par Dieu, et ils préféraient être condamnés par la justice des hommes plutôt que d'être expédiés en enfer pour l'éternité. Ce qui est long, surtout vers la fin, estime Woody Allen.

D'autres, plus réalistes, affirment que les trois bandits ont été capturés ensuite pour quelque énième crime, et ont avoué l'ensemble de leurs méfaits lors d'un interrogatoire « bien conduit ».

Ce qui est sûr, c'est que le juge lui-même est tombé des nues quand on lui a dit qu'il avait échappé à trois tentatives d'agression. Certifiant que jamais, au grand jamais, il n'avait fait appel à une quelconque escorte de protection et qu'il chevauchait toujours seul.

La terreur des montagnards : ces avalanches et glissements de terrain qui peuvent emporter des villages.
Estampe (vers 1867), Musée d'histoire du Valais, Sion.

Le calvaire du prêtre de Semsales

Voici une légende étonnante. Comment a-t-elle pu surgir dans une contrée aussi catholique que la Gruyère ? Peut-être veut-elle rappeler que l'esprit de révolte de toute une population est parfois plus fort que certains diktats du pouvoir religieux. Et qu'on n'impose pas un guide spirituel s'il est unanimement rejeté.

Le prévôt du Grand-Saint-Bernard avait envoyé un prêtre pour prendre en charge la paroisse de Semsales. Pourquoi fut-il d'emblée pris en grippe par les fidèles ? Ceux-ci auraient porté leur choix sur un autre candidat et leur déception se serait retournée contre le malheureux. Qui malgré tous ses efforts ne put jamais se faire accepter. Son église restait vide, alors qu'à l'heure de la messe l'auberge faisait le plein.

Est-ce l'échec de son sacerdoce qui mina ce pauvre prêtre ? Il dépérit rapidement et sombra dans une grave maladie. Au village, tout le monde savait que son état empirait de jour en jour, mais personne ne prenait de ses nouvelles. Aucune compassion, aucun regret. De son lit de douleur, l'agonisant entendait sous ses fenêtres les chants profanes d'une jeunesse avinée. Qu'avait-il fait pour mériter ce sort ?

Il mourut. Personne de se dévoua pour sonner le glas. C'était, selon la chronique, un vendredi de novembre 1292. L'église, déserte de son vivant, le resta pour la messe funèbre. Aucun chrétien de Semsales n'avait eu assez de remords pour se déplacer. Derrière le corbillard qui emmenait la dépouille au cimetière, seule une vieille femme clopinait. Était-ce assez pour racheter la faute de tout un village?

Le cercueil fut disposé sur deux tréteaux, devant la fosse. Le fossoyeur et ses aides avaient fait leur travail, ils étaient payés pour ça. Le prêtre de service, diligenté par le prévôt, expédia la cérémonie: à quoi bon prononcer un ultime hommage? Un dernier coup de goupillon, un signe de croix et le cercueil fut descendu dans le trou.

Pour respecter les formes, l'officiant attaqua néanmoins le *De profundis*: «Du fond de l'abîme, j'ai crié vers toi, Seigneur. Seigneur, écoute ma voix. Que tes oreilles soient attentives aux accents de ma supplication…»

L'emplacement du premier village disparu.

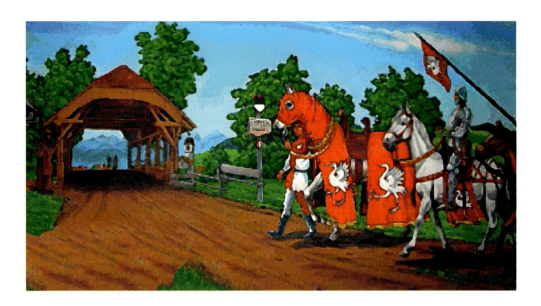

À ce moment, un événement étrange se produisit. En quelques secondes, le ciel s'obscurcit. Un souffle puissant se leva. La montagne disparut sous des nuages noirs. Un grondement sourd résonna : ce n'était pas le tonnerre, qui provient du ciel, mais un roulement inconnu, venant de l'enfer…

Et ce fut l'horreur. Tout un pan de la montagne s'écroula sur Semsales. Un énorme éboulement qui emporta forêts et maisons, bêtes et gens. Une poussière de mort, noire comme la nuit, flotta ensuite de longues heures sur ce champ de ruines. Cette catastrophe était-elle un châtiment divin? Une punition pour frapper les habitants, coupables de n'avoir pas voulu accompagner leur prêtre à sa dernière demeure?

À Semsales, même si cela s'est passé il y a plusieurs siècles, on se refuse à le croire. Allons! Les anciens étaient de bons croyants qui ont toujours respecté et aimé leurs curés. Cette légende sert seulement pour faire peur aux mécréants qui ne vont pas à l'église…

Près du pont de bois, couvert, qui enjambait le torrent de la Mortivue, un péage taxait les produits des marchands passant sur Vaud. Péage qui fut maintenu jusqu'à la fin du XVIIIe siècle. Ce détail de la fresque de Jean-Paul Monnard décorant la salle de l'hôtel de ville de Semsales, montre le comte Michel de Gruyère, ayant perdu tous ses biens en 1554, franchissant ce péage pour se rendre chez un parent du val d'Aoste afin de «lui présenter ses services».

Un éboulement a effectivement détruit le premier village de Semsales et son église entre 1290 et 1300 (zone des Côtes). Le village aurait été reconstruit au même endroit, avant d'être à nouveau dévasté vers 1350. C'est alors qu'il aurait été rebâti sur un autre site (zone du Moulin et de la Villette).

Deux indices des premiers villages ensevelis subsistent. Une cloche a été retrouvée lors d'un labour: est-ce celle qui sonne aujourd'hui l'agonie au clocher de la nouvelle église? Une croix de fer forgé, dans la zone du They en bordure de la route des Alpettes, marquerait l'emplacement de l'ancien village.

Dès 1100, le prieuré de Semsales accueille déjà marchands et pèlerins. En 1177, le nom de « septem Salis » apparaît pour la première fois sur une bulle pontifi-

cale. Émanant du pape Alexandre III à Venise, elle précise que celui-ci prend sous sa protection les territoires appartenant aux chanoines du Grand-Saint-Bernard. Les Semsalois qui travaillent sur les terres du prieuré bénéficieront ainsi, jusqu'au XVIe siècle, de nombreux privilèges.

Selon certaines hypothèses, le nom de Semsales (il y avait jadis un accent circonflexe sur le « â ») rappellerait que sept sources salines coulaient autrefois sur le territoire de la commune. Des recherches pour trouver des mines de fer furent certes entreprises aux XVIIe et XVIIIe siècles, mais bientôt abandonnées. Il est plus probable que ce nom vienne du latin « septem » (sept) et du germanique « salaz, sali, saliz » (habitation). À l'origine, il y aurait donc eu sept grandes fermes à cet endroit.

Le bouc aux cornes rouges fonça sur le jeune pâtre…

Le bouc aux cornes rouges

Il apparaissait le soir, sur les pentes du Moléson, montagne symbole de la Gruyère. Dressée sur quelque rocher, la noire silhouette de ce bouc gigantesque se découpait sur un fond de nuages rouges, colorés par le soleil couchant. Ses cornes paraissaient rouges, elles aussi. Peut-être qu'elles l'étaient vraiment… Un rouge sang. Quand il secouait la tête, des étincelles jaillissaient. Quand il raclait ses sabots, des flammes zébraient la roche. C'est du moins ce que racontaient les vachers, après la traite, en expliquant que c'était la faute de ce bouc de malheur si les vaches donnaient moins de lait : effrayé par cette apparition, le troupeau se réfugiait dans un coin de l'alpage, les bêtes se serrant les unes contre les autres. Elles ne broutaient plus, scrutant craintivement les cimes jusqu'à la nuit complète. C'est ce stress qui raréfiait et rendait leur lait moins goûteux.

Le taureau, une bête de six cents kilos, avait bien essayé d'aller chasser ce maudit bouc. Il avait foncé tête baissée, reniflant bruyamment. Le choc n'avait pas eu lieu : il avait été foudroyé en pleine course, bien avant d'atteindre sa cible. Un éclair, accompagné d'une bouffée de soufre, l'avait frappé et son corps roula et rebondit dans les éboulis. Cet événement renforça mille fois la peur des vachers. Cette fois, on en était sûr, ce bouc aux cornes rouges était bien le diable !

Comment se débarrasser de lui, comment le renvoyer dans ses enfers ? Consulté, le curé, prétextant que ses rhumatismes l'empêchaient de grimper aussi haut, s'était contenté de faire monter à l'alpage un seau d'eau bénite. Il suffisait, selon lui, d'asperger le bouc satanique et il s'évanouirait à jamais. Autant vouloir mettre du sel sur la queue d'un oiseau !

Vaches et vachers ruminaient donc leur angoisse et se sentaient bien seuls. Un jeune pâtre se décida pourtant. C'est lui qui irait chasser l'animal maudit !

Il planta de gros clous dans un solide gourdin, qu'il trempa dans l'eau bénite, et accrocha une médaille de la Vierge à son cou. Puis partit pour le pâturage du Plané, où le bouc infernal se tenait habituellement. Ses amis avaient tenté de le dissuader :

— Tu vas à la mort ! Le taureau a péri. Te crois-tu donc plus puissant que lui ? Il vaudrait mieux abandonner ces prairies, même si ce sont les meilleures du Moléson…

Aussitôt que le pâtre arriva près du rocher, le bouc se dressa et le défia, les yeux flamboyants. Allait-il brûler le téméraire en lui lançant des flammes à la façon d'un dragon ? Allait-il le foudroyer à distance, comme il l'avait fait avec le taureau ? Le pâtre avança, la main crispée sur la médaille de la Vierge :

— Marie, mère de Dieu, protégez-moi !

Soudain le bouc fonça, tête baissée… Le choc fut énorme. De toutes ses forces, le pâtre abattit son gourdin entre les cornes rouges. Avec une telle violence qu'on entendit le craquement des os dans toute la montagne !

Le bouc était mort, le crâne fracassé. Mais le pâtre aussi. Une des cornes lui avait transpercé le cœur. On retrouva leurs corps le lendemain matin, entremêlés. Leur sang séché attirait déjà les charognards. Autour d'eux, les vaches broutaient maintenant paisiblement.

Selon la coutume, on enterra les deux cadavres près du chalet d'alpage. Plus exactement sous le mouret, ce mur demi-circulaire qui abrite le foyer de la chaudière. Un lieu désormais sacré : celui qui creuserait à cet endroit, même par ignorance, serait frappé de mort.

La simplicité de cette légende illustre en fait les angoisses qui habitaient les vachers passant plusieurs mois dans les hauts pâturages. Isolés, confrontés aux dangers des loups, des orages dévastateurs, de la foudre, des éboulements, ils ne pouvaient qu'imaginer que leur destin était régi par le combat incessant entre le ciel et l'enfer. L'apparition d'animaux sataniques est donc un thème constant dans les légendes alpines. Celle du bouc aux cornes rouges, née dans le très catholique canton de Fribourg, en est l'un des exemples les plus typiques.

Les âmes sortent du lac une à une, puis dansent en silence une longue ronde qui les mène jusqu'au sommet du Hockenhorn.
Dessin d'Eugène Reichlen (1921).

Un lac empli de larmes

C'est un des lacs les plus purs du Hockenhorn (Alpes bernoises), tout près du glacier. Il luit au-dessus de la dernière ligne de sapins, à l'écart des sentiers, comme un œil vert et bleu. Sa surface est toujours agitée de quelques frémissements et de mystérieuses plaintes semblent monter de ses profondeurs. Étrange ? Ne cherchez pas. L'explication a été trouvée depuis des siècles. Ce lac est peuplé de jeunes gens et jeunes filles, condamnés à se geler à perpète pour racheter leurs péchés. Ce sont leurs larmes intarissables qui fournissent cette eau cristalline.

Qu'ont donc fait ces malheureux ? Ils aimaient trop danser. Et peut-être se livrer à des jeux plus coquins dans des « chalets clos »… Un terme qui mérite les guillemets, tant il chargeait l'imagination des habitants du Lötschental en ce temps-là. Les nuits de pleine lune, ces légers fantômes ont la permission de sortir de leurs eaux glacées et de former une ronde sur les rives du lac. Ils sont nombreux, nombreux… Au fil des ans, ils se sont multipliés : quelle jeunesse peut renoncer aux plaisirs, même coupables ? Ils se tiennent par leurs mains marmoréennes, silhouettes fragiles et blanchâtres, et leur file s'allonge du Petit jusqu'au Grand-Hockenhorn. Aucune musique, aucune crécelle, pas le moindre frou-frou de leurs tuniques claires. Ils se trémoussent et sautent en silence, ce grand silence de la montagne

figée dans le froid. Aucun bruit, mais des larmes qui coulent, qui roulent sur la neige, sitôt transformées en cristaux par le vent de la nuit. Puis ils reviennent vers le lac et leur farandole s'enfonce dans l'eau noire, lentement, lentement, jusqu'au dernier danseur…

Ces tristes fantômes préviennent parfois les joyeux fêtards du sort qui les attend s'ils dépassent certaines limites. Limites qui fluctuent selon l'époque, mais quand on est allongé au fond d'un lac de montagne depuis des siècles il est difficile de suivre l'évolution des mœurs. Quoi qu'il en soit, il y avait un soir une veillée fort animée dans un chalet au pied du Hockenhorn. On avait engagé un violoneux, on dansait, on mangeait, on chantait. Il faisait si chaud qu'on avait tombé les vestes et dégrafé légèrement les corsages. Les filles étaient un peu grises et les garçons en profitaient.

Tout à coup la porte du chalet s'ouvrit violemment et une forme blanche se précipita dans la pièce, se jetant en gémissant sur le banc du poêle.

– Oh, que j'ai froid ! Que j'ai froid ! Et il faut que j'aille cette nuit grimper sur la plus haute arête pour expier mes fautes et obtenir peut-être une remise de peine… C'est le sort des âmes condamnées du lac du glacier. Si vous ne voulez pas nous rejoindre un jour et frissonner une éternité dans ce carcan de glace, je vous recommande de modérer vos plaisirs !

C'est le cas de le dire, cette apparition jeta un froid. On écourta le bal, on renvoya le violoneux. Et, pour une fois, les filles rentrèrent chez elles avant minuit.

Il se trouva qu'un mercenaire, qui était parti de longues années guerroyer à l'étranger, se gaussa à son retour de cette histoire de lac et des fantômes qui y trempaient… Ce n'est pas à un soldat qu'on pouvait raconter de telles sornettes ! Ils étaient restés bien arriérés dans son village. Il n'y

a que les voyages et le tourisme de guerre pour ouvrir les esprits !

Vexés, les villageois lui répondirent que s'il était si malin, il n'avait qu'à monter jusqu'au lac. Il verrait bien sur la neige les traces des danseurs nocturnes ! Notre homme releva le défi. Mit son bonnet militaire, s'enveloppa dans sa capote et partit le fusil à l'épaule.

Arrivé au bord des eaux, il remarqua certes des lacis d'empreintes, des piétinements, des traînées zigzagantes.

– Les idiots, murmura-t-il. Ils prennent des traces d'animaux pour des rondes de fantômes…

Une mince couche de glace recouvrait le lac par endroits. Impressionné malgré lui par la solitude des lieux, il prit sa respiration, se tourna vers les hauts du Hockenhorn et clama :

– S'il est vrai que des âmes de pauvres pécheurs habitent ce lac et s'y morfondent, qu'elles se manifestent ! Je prierai pour elles !

Rien ne se passa. Il ne vit – lui aussi – que le soleil qui poudroie, que l'eau qui verdoie…

Le soldat planta alors la crosse de son fusil dans la glace en criant à nouveau :

– S'il est vrai que des âmes de pauvres pécheurs habitent ce lac et s'y morfondent, qu'elles se manifestent ! Je prierai pour elles !

Puis il retira son fusil. Il n'en restait que le canon ; la crosse avait fondu comme cire, jusqu'à la gâchette…

Les malheureux fantômes du lac du glacier devaient gravir les arêtes du Hockenhorn pour racheter une partie de leurs fautes.

Le batelier ne voulut rien entendre : on ne traverse pas le Doubs sans payer, même en cas d'urgence !
Gravure anonyme sur bois (1898).

Le batelier impitoyable

À l'origine d'une légende, il y a probablement toujours un fait divers qui a marqué les esprits. Le temps passant, cet événement a été magnifié ou dramatisé. L'irruption du merveilleux, l'intrusion d'une morale, l'introduction d'éléments religieux ajoutant souvent des strates successives. La légende du batelier impitoyable illustre bien cette lente création.

Le Doubs, la rivière « noire » (son nom en gaulois), sert de frontière entre la Suisse et la France sur plusieurs kilomètres. Longtemps, on eut recours à des bateliers pour la franchir. Un soir, une jeune cavalière arrivant à bride abattue demanda à l'homme du bac de la mener de toute urgence sur la rive française. Elle semblait très inquiète :

– Je viens d'apprendre que ma mère, qui vit à Morteau, est en train de mourir ! Il faut que j'arrive à temps pour l'embrasser une dernière fois…

– C'est votre affaire, répondit l'homme. Mais il faut tout d'abord payer le passage.

– Dans mon affolement, j'ai oublié de prendre quelque argent, implora la jeune femme. Faites-moi confiance, vous serez payé dès demain.

– Point d'argent, point de Suisse : c'est aussi ma devise. On m'a trop souvent filouté pour que j'accepte des promesses en guise de paiement. Qui me dit que vous reviendrez verser votre écot, une fois que je vous aurai fait passer ?

– Prenez mon manteau en gage. Et tenez, prenez aussi mon cheval !

– Certes pas. Une guenille et une rosse… La nuit tombe, le vent se lève. Je ne vais pas prendre de risques pour quelqu'un qui n'a pas le sou.

Ni les supplications de la fille ni toutes ses larmes n'attendrirent le batelier. Celle-ci prit alors un parti désespéré : elle lança son cheval dans la rivière, espérant peut-être se laisser dériver et parvenir à atteindre la rive opposée. Ce geste fou ne pouvait que tourner au drame : la cavalière et sa monture disparurent dans les remous et on ne retrouva leurs corps que plusieurs jours plus tard, loin en aval.

Un tel accident, même s'il frappa les esprits des villageois riverains, indignés par l'attitude du batelier, ne peut encore accéder à l'état de légende. Il faut qu'un autre élément intervienne pour lui donner ce statut.

On raconte donc que l'année d'après, à la date anniversaire de la tragique noyade, le batelier s'apprêtait à rentrer dans sa cabane pour compter la recette de la journée, quand il entendit une galopade.

Devant lui se dressait la jeune cavalière…

– Me revoici, maudit batelier ! Aujourd'hui, c'est moi qui vais te faire traverser la rivière. Et sans payer !

Éclatant d'un terrible rire, elle le saisit d'une main de fer, lourde comme une chaîne, froide comme un glaçon, et le traîna, l'entraîna dans le Doubs. Il ne put résister ; la cavalière revenue d'outre-tombe avait une force surhumaine.

Le lendemain, les eaux noires rejetèrent le cadavre du batelier. Cette fois, la légende pouvait prendre son envol…

Revenu d'outre-tombe, le redoutable chien rouge hantait les nuits de Planfayon.

Le chien nocturne de Planfayon

Certains fantômes, qui ne regrettent pas leur apparence humaine, aiment revenir terrifier les vivants en se métamorphosant en quelque animal redoutable. À Planfayon, dans le canton de Fribourg, c'est sous la forme d'un énorme molosse qu'un de ces revenants d'outre-tombe apparaissait pour effrayer les mortels. Mortels qui, soulignons-le en toute objectivité, étaient le plus souvent des fêtards qui sortaient tard des auberges.

Le fantôme de Planfayon avait été surnommé « le chien nocturne ». Beaucoup juraient l'avoir eu à leurs trousses. Ainsi, quelques jeunes gens déambulant en riant et chantant dans les rues du village, aux alentours de minuit, aperçurent un grand chien rouge près de la fontaine. Ils lui crièrent :

– Holà le fantôme ! Tu as encore soif ? Bois toute l'eau que tu veux... Ce liquide n'est pas pour nous !

Apparemment, le « chien nocturne » n'était pas d'humeur à plaisanter. Il fonça sur les vauriens en grondant, sa langue écarlate pendant entre des crocs luisants...

Sauve qui peut ! Nos lascars s'enfuirent, prirent une autre ruelle, quand un taureau gigantesque leur interdit le passage. Rouge également, flamboyant, les yeux exorbités. Malheur ! Par où s'échapper ? Ils firent demi-tour, trébuchèrent, tombèrent, se relevèrent... Et voilà qu'une autre bête épouvantable, « aussi haute qu'un

grenier » rapporte la chronique, leur barra à nouveau la route.

Complètement dégrisés, ils retournèrent à l'auberge en courant, en tremblant, demandant pour l'amour de Dieu qu'on leur donne une chambre pour la nuit.

Vous haussez les épaules, vous ne croyez pas au « chien nocturne » ? Une autre fois, un jeune homme, qui certes avait bu un peu trop pour se donner du courage, décida d'aller déclarer sa flamme à une belle. Il lui fallait pour cela grimper nuitamment sur le tas de bois qui était devant sa fenêtre et frapper au carreau. Peut-être lui ouvrirait-on…

Il escalade en silence l'amoncellement de bûches et se trouve soudain nez à nez avec le chien rouge, qui aboie furieusement, réveillant tout le chalet. Paniqué, l'amoureux dégringole en catastrophe, déchirant son pantalon de velours… Mais le terrible clébard s'est jeté sur ses épaules et se cramponne à son dos, le labourant de ses griffes. Il ne pourra s'en débarrasser qu'après avoir traversé tout le village en hurlant, au pas de course, le « chien nocturne » ne lâchant prise que devant l'église et sa croix.

La réputation de ce fantôme était telle que les habitants de Planfayon n'osaient plus sortir trop ivres de l'auberge. Les filles redoutaient d'ouvrir leurs fenêtres à leurs galants. Les maraudeurs ne venaient plus chaparder fruits et légumes dans les champs des paysans. Un exorciste, appelé à la rescousse, réussit, paraît-il, à changer le « chien nocturne » en chèvre noire. Était-ce mieux ? Oui, car après quelques coups de goupillon et certaines prières magiques, celle-ci pénétra dans le cimetière et l'on n'en entendit plus jamais parler.

– C'est bien dommage, regretta le maire. Ce fantôme était un bon garde de nuit pour la commune. Les gendarmes nous coûtent beaucoup plus cher !

Dans cet hôtel du val Sinestra, dans les Grisons, il se passe des choses étranges…

Le fantôme du val Sinestra

Tremblez, pauvres mortels ! Car ce n'est peut-être pas une légende, contrairement à ce que prétendent les habitants du val Sinestra, dans les Grisons. Et ce n'est pas non plus une histoire belge, même si le fantôme qui hanterait l'hôtel du val serait un malheureux tuberculeux flamand venu de Belgique dans les années 1930 pour soigner sa maladie.

Il s'appelait Guillon, âgé de quarante ans à l'époque. Sa famille avait fait fortune dans le textile. La renommée de « l'eau puissante », connue dans cette vallée de Basse-Engadine pour ses vertus curatives, l'avait amené à séjourner longuement dans cet espèce de manoir dominant la sombre forêt de sapins. Un paquebot de pierre, avec tourelles, loin de tout, perdu dans les neiges l'hiver.

Guillon était tombé amoureux d'une employée de l'établissement, une certaine Maria. Une liaison demeurée secrète, car le personnel ne pouvait frayer ouvertement avec les riches malades. Mais ni l'amour ni les douches glacées qui faisaient partie du traitement ne sauvèrent Guillon. Qui finit par mourir là, loin de son pays. Dommage que le registre des patients ait disparu, car on

Il est derrière la porte 5…

proche, qui aurait servi de fosse commune aux tuberculeux décédés, selon une autre légende de cet endroit).

Guillon est pourtant resté sur place. Il habite une salle de bains au numéro 5, dans le sous-sol de ce qui est devenu aujourd'hui un hôtel. Vous ne le croyez pas? Allez donc, de nuit bien sûr, quand les ombres dansent dans les corridors et que la lumière des bougies tremblote, rôder dans le bâtiment! Poussez des portes qui grincent, marchez sur des parquets qui craquent… Parfois, une subite montée de chaleur dans les jambes indique que Guillon est là, tout près. Ne paniquez pas: ce fantôme est du genre gentil, les lingères de l'hôtel l'assurent.

Convoqués, des médiums sont venus au val Sinestra:
– Esprit de Guillon, es-tu là?
Guillon a répondu. En allemand, teinté d'un fort accent néerlandais. Avec réticence certes, car il n'aime pas être dérangé et fuit la foule. Il a évoqué Maria, et tous les braves gens qui l'entouraient ici autrefois. Une fois mort, il n'a pas voulu s'éloigner d'eux. Puis une fois qu'on a ses habitudes dans un endroit, on s'installe, n'est-ce pas? Pour l'éternité.

D'autres équipes de recherches sur les phénomènes paranormaux, bardées d'équipements sophistiqués – caméras thermiques, mesures d'ondes électromagnétiques, thermomètres laser – ont enquêté au val Sinestra. Sans pouvoir «rencontrer» cette fois le fameux Guillon. Qui n'est peut-être pas très familiarisé avec ces technologies trop modernes…

Un doute qui ne trouble pas la directrice hollandaise de l'hôtel. Elle-même et ses employées (il préfère les femmes paraît-il!) ont ressenti souvent la présence de Guillon, un esprit discret et courtois. Bien sûr, il se trahit parfois, fait s'entrechoquer les verres, ouvre des fenêtres fermées à double tour, allume des lustres, enclenche les postes de radio. Cela surprend, mais on s'habitue. Guillon circule uniquement dans les sous-sols, là où jadis on traitait les malades.

Ce fantôme gêne-t-il les clients de l'hôtel ? Et participe-t-il à son renom en attirant les amateurs de sensations fortes ? Même pas. La directrice assure qu'elle n'informe pas ses hôtes (90 % de Hollandais) de la présence de son locataire d'outre-tombe. Ce qui n'a pas empêché un client, paraît-il, de faire ses bagages à toute allure quand il a constaté que d'étranges phénomènes se produisaient dans ce drôle de manoir…

L'eau « puissante » des sources du val Sinestra contient de l'arsenic. Son utilisation pour soigner les maladies neurologiques, les maladies de peau ou rhumatismes, a été connue de tout temps par les indigènes. Cette réputation dépassant les frontières, un contrat fut signé en 1898 avec la commune de Sent pour exploiter les sources (une plaque portant cette date existe encore sur de vieilles conduites, là où la tradition populaire situait un « charnier »).

Un gigantesque établissement thermal, succédant à une construction plus modeste érigée en 1904, fut bâti en 1912. Cent vingt chambres accueillaient notamment des tuberculeux de toute l'Europe. Après des décennies de succès, la crise des années trente, puis la Seconde Guerre mondiale, contribuèrent au lent déclin du sanatorium. Déclin qui aboutit à sa faillite en 1972.

En 1978, racheté par des propriétaires néerlandais, il fut transformé en hôtel. Son nom prêtant à confusion, précisons que le val n'est pas « sinistre » : il a été classé « paysage de l'année » en 2011.

L'Hutzeran se cache dans les arbres. Sauriez-vous le repérer ?

L'Hutzeran vous guette dans les bois

Il y a autant de versions de cette légende que de glands dans une chênaie. Que de brindilles dans un bois. Que de feuilles dans une forêt. Sous divers noms, ce génie sylvestre, habillé de vert écolo, hante les frondaisons de toute l'Europe. Mais dans le canton de Vaud, sa réputation est plus horrible qu'ailleurs… On l'appelle ici «l'Hutzeran». D'un terme patois, qui vient de *hutsi*, *hucher*, soit héler à grands cris.

Vous avez sans doute déjà rencontré l'Hutzeran. Ou du moins ressenti sa présence. Quand vous cheminez dans une forêt profonde, silencieuse, et qu'une étrange angoisse commence à vous envahir, n'en doutez pas: l'Hutzeran est sur vos pas… À droite, à gauche, à la cime des sapins, au-dessus de votre tête… Il vous guette, il vous épie.

Si un rameau sec tombe derrière vous, c'est lui qui l'a brisé. Si une branche frémit soudain, c'est lui qui l'agite. Si des feuilles tourbillonnent, c'est encore lui qui leur souffle dessus. L'hiver, quand une couche de neige se détache subitement des arbres et s'écroule en un nuage de poudre blanche, c'est parce que l'Hutzeran secoue le tronc. Pour vous effrayer.

Pouvez-vous l'éloigner et dissiper du même coup votre malaise? Il est recommandé de siffler, de *hucher*. Mais

Quand vous cheminez dans une forêt profonde, attention, l'Hutzeran peut se cacher derrière chaque tronc !

attention ! Ne le faites pas plus de deux fois. Sinon, à votre troisième cri, il foncera sur vous et vous fera un mauvais sort. À Panex, au-dessus d'Ollon dans le Chablais vaudois, on affirme que l'Hutzeran, un gaillard costaud, peut alors vous arracher un bras ou une jambe. Mais ce n'est pas un mauvais bougre : pris de remords, il rapporte généralement le membre sanguinolent le lendemain, et le dépose à la porte de sa victime.

À Beauregard, personne n'osait s'aventurer de nuit dans l'ancien chemin de la Comme-du-Vau. Des épais taillis qui le bordaient, une voix interpellait le passant :

– Si tu n'avais ni pain ni sel, dans la Comme-du-Vau tu resterais !

Le sel et le pain préservaient en effet des esprits malfaisants, et il était prudent d'en avoir toujours sur soi.

L'Hutzeran se cache, mais aime gémir, voire chanter d'une voix lugubre. Pour appeler plaintivement les fées et autres « fenettes », ces nymphes aux yeux verts portant des nénuphars dans leurs chevelures. On l'entend ainsi, à la nuit tombante, mêler ses plaintes à leurs longs soupirs. Ne les dérangez surtout pas : ceux qui l'ont fait ont tous été retrouvés noyés dans le Rhône ou le Léman.

Le Sabbat des sorcières. Tableau de Francisco de Goya (1789).

La dent de la sorcière

Voici une histoire de sorcière. Indispensable pour faire semblant d'avoir peur et expliquer comment les paysages se façonnent. Il n'y a pas que le géant Gargantua qui peut creuser un lac, casser des collines ou laisser ses canines pointer dans les montagnes…

Il y a deux sortes de sorcières: les belles et les laides. Curieusement, on ne craint que ces dernières, alors que les jolies, infiniment plus nombreuses dans notre entourage, ensorcellent à longueur de journée et de nuit. Francisco de Goya, qui s'y connaissait, a dessiné les deux types: enfourchant un balai, l'une est vieille et affreuse, mais celle qui s'accroche à ses épaules a un corps magnifique et une chevelure ondoyante.

Estampe de Francisco de Goya (1799).

Malheureusement, dans cette légende tessinoise, on n'évoquera que le genre le plus connu. Soit la sorcière décrépite, au nez crochu, sale et ricanante. Avec une seule dent, survivante de masticages démoniaques.

Nous sommes au nord du lac de Lugano. La sorcière du coin vole sur un tronc d'arbre, car c'est une sorcière forestière. Elle terrorise les animaux sauvages. Se plaisant à détruire les nids, à écraser les levrauts, à disperser les hardes de sangliers et à épouvanter les chamois. Comme les scouts s'obligeant à faire une bonne action par jour, elle dort mal si elle n'en a pas fait une mauvaise.

Les Dents-de-la-Vieille, près du lac de Lugano. Arrachées aux mâchoires de sorcières malveillantes.

Personne ne peut s'opposer à ses méchancetés quotidiennes. Pas même les loups. Car la sorcière possède une arme fatale. Si on la contrarie, elle peut se transformer en géant. Il lui suffit de toucher sa dent jaune et pointue en sifflant comme une vipère :

– Schississ… schississ… schississ…

Et aussitôt elle devient gigantesque et nul ne peut résister à sa colère.

Pourquoi fut-ce une minuscule souris qui trouva le courage de se révolter ? Lors de la fête de saint François d'Assise, le 4 octobre, profitant de la trêve qu'observent ce jour-là les animaux, elle chicota haut et fort à l'Assemblée générale :

– Il faut en finir avec l'oppression de cette sorcière ! N'acceptons plus ses harcèlements, ses brimades, ses condamnations… Débarrassons-nous, une fois pour toutes, de sa tyrannie. Chassons-la de nos bois, de nos prairies, de nos montagnes !

– Et comment vas-tu t'y prendre ? siffla un chamois.

– Tu prends tes désirs pour des réalités, grouina un sanglier.

– Si moi je n'y arrive pas, grommela un ours, la sorcière t'écrasera comme une fraise des bois…

– Ton sang tachera les cailloux, grinça une chauve-souris.

Tous les animaux exprimèrent ainsi leur scepticisme. La résignation les rendait misérables, la peur leur ôtait toute dignité.

– Il vaut peut-être mieux accepter le tribut qu'elle nous fait payer, si elle permet à nos espèces de continuer à se perpétuer, coassa craintivement un crapaud.

– Jamais ! couina la souris. Je connais un paysan, à l'autre bout de la forêt, qui nous viendra peut-être en aide. Il suffira de lui promettre en échange de ne plus manger son blé, de ne plus dévorer ses moutons et de laisser ses poules tranquilles. Si vous me donnez un mandat pour aller négocier, je pars sur-le-champ.

Le renard, le loup, l'ours (qui demanda s'il fallait renoncer aussi à dévaster les ruches) étaient plutôt contre. Mais un vote démocratique, à pattes levées, les minorisa.

La souris revint quelques jours plus tard en compagnie du paysan. Elle lui avait fait la leçon :
– N'oublie pas ! Tout le pouvoir de la sorcière tient dans sa dent. Quand elle surgira, vise bien avec ta fronde. Si tu parviens à casser cette dent magique, elle deviendra faible et inoffensive comme une vieille femme…
Elle n'avait pas fini sa phrase, que déjà la sorcière volait vers eux.
– Schississ… schississ… schississ… Homme, que fais-tu sur mes terres ?
– Tu épouvantes les animaux. Tu les exploites. Tu les maltraites. Je t'ordonne de quitter ces lieux à jamais et de retourner chez Satan, ton maître. Sinon…
– Sinon ? Pauvre créature ! Je vais te montrer ma force et t'aplatir !
Et la sorcière pointa son index crochu vers son unique dent. En sifflant :
– Schississ… schississ… schississ…
Elle n'eut pas le temps de la toucher. La pierre propulsée par la fronde du paysan la sectionna net. Les hurlements de sorcières (que l'on entend parfois le soir au fond des bois) sont particulièrement traumatisants. Mais celui que poussa cette sorcière édentée dépassa tout ce que l'on peut redouter. Son cri raya le ciel, brisa des sapins, déclencha un ouragan. Des parois de rochers s'effondrèrent. Le lac fut secoué de vagues énormes et la nuit survint presque aussitôt. Devant un soleil bas et rouge sang, les animaux virent s'enfuir la sorcière à cheval sur son tronc d'arbre. Partie à jamais sans laisser de traces ?

Pas sûr… Le lendemain, parmi les sommets montagneux dominant le lac de Lugano, une nouvelle pointe apparut. En forme de dent. Qui s'ajouta aux autres arêtes acérées. Ce sont *I Denti della Vecchia.* Ces Dents-de-la-Vieille prouvant que d'autres sorcières ont sans doute perdu leurs crocs dans des histoires similaires au cours des siècles.

Astaroth est l'un des plus puissants démons de la hiérarchie infernale. Le prendre comme passager peut laisser des traces…

L'odeur de l'enfer

Je suis voiturier depuis trente ans. Boire ou conduire son cheval, comme on dit chez nous à Saint-Maurice, il faut choisir : je n'humecte mon gosier qu'après mon service. Ce soir-là, je rentrais d'une course de douze lieues et nous étions bien fatigués, mon canasson et moi. Je ne pensais qu'à un grand verre de génépi, pour soigner mes maux d'estomac – peut-être deux, car je veux guérir vite –, lorsqu'un grand gaillard m'aborda :

– Vous êtes libre ?

– Je dois soigner mon cheval… Il est éreinté et ne pourrait faire un long trajet.

– C'est juste pour une promenade au clair de lune sur la route de Sion.

Ce client était bien mis. Les cheveux rouquins et les dents en avant. Je pensais que c'était un Anglais. Il voulait sans doute aller balader son spleen jusqu'à la cascade de la Pisse-Vache. Il faut savoir prendre les sous quand ils tombent. Je répondis :

– D'accord, je vais atteler…

Dès que ce voyageur eut grimpé dans la voiture, mon cheval se mit à hennir. À piaffer d'excitation. Lui qui était sur les rotules quelques instants auparavant, il frémissait de tout son corps et tirait sur le harnais. Je n'eus que le temps de bondir sur mon siège pour saisir les rênes, sinon il se serait emballé l'animal !

On partit à fond de train. Le Bois-Noir fut dépassé à grande allure et déjà la cascade de la Pisse-Vache était atteinte. Je me retournai :

– Faut-il arrêter ici, monsieur ?

– Continue, répondit le rouquin. Dont les yeux brillaient dans le noir.

Voulait-il pousser jusqu'à Martigny ? On passa le pont de la Bâtiaz. Au grand trot. Devant l'hôtel de la Grande-Maison, je voulus ralentir, impossible. Mon cheval tirait comme un fou… Cramponné sur les rênes, je criai au rouquin :

– Voulez-vous descendre à l'hôtel de la Tour ? On va y arriver…

– Avance ! répondit-il.

Sur la route de Riddes, mon cheval écumait. On n'y voyait plus goutte et à cette allure j'avais peur de verser.

– Monsieur ! la nuit est si noire que continuer devient dangereux. Où diable voulez-vous que je vous conduise ?

– Continue ! Je vais faire de la lumière.

Par enchantement, le cabriolet et la route furent alors éclairés. Me retournant, je constatai avec horreur que ses cheveux rouges avaient pris une teinte verdâtre et que c'est eux qui éclairaient la route à la manière d'un ver luisant. Avais-je affaire à un physicien, ces sortes de prestidigitateurs qui donnent des spectacles de magie ? Ce qui m'écœura, c'est l'odeur épouvantable qui envahit la voiture. Cet homme puait comme mille blaireaux.

À Riddes, je voulus m'arrêter.

– Monsieur, mon cheval n'en peut plus… moi-même je suis épuisé. Je n'ai pas la force d'aller plus loin.

– Continue ! Ne raconte pas de sornettes : ton cheval vole comme l'air. Et si tu veux un remontant, bois un peu de cette eau-de-vie…

– Non, non ! Boire ou conduire, il faut choisir !

Ma réponse déclencha un énorme ricanement chez mon passager. Il s'étouffait de rire ! Et c'est alors que d'autres hurlements retentirent. Des bois que nous longions venaient des cris de chouettes, des rugissements, des glapissements. Puis ce furent des gémissements d'êtres humains, des plaintes, des lamentations. Le cabriolet, échappant à mon contrôle, roulait maintenant à un train d'enfer sur un chemin de terre. Un train d'enfer… Une sourde rumeur s'amplifiait. J'étais recroquevillé de terreur sur mon siège, me cramponnant pour ne pas être éjecté. Le cheval galopait comme un damné. Des exclamations crépitèrent, des hourras :

– Astaroth arrive ! Bienvenue au trésorier des Enfers ! Bienvenue au puissant démon !

Horrifié, je me retournai. L'homme roux était devenu un être hideux et une vipère s'enroulait autour de son bras gauche. Je fermai les yeux…

Je me suis réveillé ce soir-là en rase campagne. Ce fut la cloche de l'église Saint-Sigismond qui me tira de ma torpeur. Mon cheval semblait frais et dispos. À mes côtés, une bouteille de génépi vide. Je vous jure pourtant que je n'avais pas bu ! Car boire ou conduire… La preuve que je n'avais pas rêvé était d'ailleurs évidente. Envahissante. Suffocante. C'était cette affreuse odeur de chair morte, en putréfaction, qui imprégnait toute la voiture…

Six mois après, on la sentait toujours.

Le curé de Tourtemagne comptait ses abricots comme un avare son or. Quand il s'aperçut qu'on lui en avait dérobé douze, il promit d'envoyer le voleur en enfer…

Les abricots du curé de Tourtemagne

Autrefois, dans le Haut-Valais, les curés étaient si redoutés qu'on ne disait pas aux enfants « si tu n'es pas sage, j'appelle le grand méchant loup », mais « obéis, ou je vais chercher Monsieur le curé ! ». Une menace qui épouvantait le mioche le plus rebelle.

Certains prêtres abusaient de ce pouvoir, régnant comme des potentats sur les villages. Ils ne prétendaient pas seulement corriger les âmes, mais voulaient réglementer la vie de chacun de leurs paroissiens. Il arrivait cependant, rarement il est vrai, que des villageois se révoltent contre les abus de ces roitelets en soutane.

À Tourtemagne, un de ces résistants, nommé Golden, lorgnait depuis longtemps l'abricotier du curé, et ne put s'empêcher, à l'approche d'août, de chaparder une douzaine de fruits. Ils étaient si tentants, ces abricots ! Avec leur couleur jaune et rosée, parsemés de points de rousseur, leur chair fondante et parfumée… Fallait-il les laisser à ces gourmands habillés de noir, merles, corneilles ou curés ? (Cette réflexion indique bien que ce Golden était un mécréant.)

Le sévère religieux s'aperçut tout de suite du vol. Il se réjouissait tant de déguster ses abricots, qu'il les comptait et recomptait, comme un avare son or. Submergé par la colère (qui est un péché capital), il fustigea le coupable inconnu le dimanche en chaire.

– Mes frères, toucher aux biens de l'Église ou à ses fruits, en l'espèce mes abricots, peut valoir la damnation éternelle ! Malheur, malheur pour l'infâme qui les a volés et mangés ! Vous savez que j'ai le pouvoir, qui m'est dévolu par notre Saint-Père le pape, de damner ou d'absoudre. Si ce pêcheur a quelque remords et vient se confesser, je ne le punirai que par une remontrance paternelle. Et peut-être devra-t-il bêcher mon jardin et balayer l'église… Trois fois rien en regard du larcin commis. En revanche, s'il ne vient pas avouer sa faute, dimanche prochain j'annoncerai solennellement la publication d'un monitoire contre lui. Soit une citation à comparaître devant un tribunal ecclésiastique, sous peine d'excommunication. Ce qui signifie, mes frères, que cette âme sera livrée à Satan !

Personne ne vint se dénoncer. Le curé publia son monitoire et se dépêcha de croquer les abricots qui lui restaient. Mais parmi les paroissiens qui venaient à la messe, on s'aperçut bien vite que Golden, qui n'était pas le plus dévot et traînait déjà les pieds pour se rendre à l'église, ne faisait plus l'effort de venir. C'était donc lui le coupable, c'était donc lui qui appartenait désormais au diable…

Cette suspicion ne gêna guère Golden. Il n'avait rien remarqué de changé en lui depuis la condamnation du curé, et trouvait même que déserter la messe lui donnait plus de loisirs pour aller chasser les canards sauvages. Ceux-ci étaient fort nombreux à l'époque dans les marais de Tourtemagne, et la vente de ce gibier lui rapportait quelques sous. Qui, ajoutés à ceux qu'il ne devait plus donner au sacristain lors de la quête, lui permettaient d'être généreux à l'auberge.

Ses principaux clients étaient l'évêque de Sion et les chanoines de cette ville. Qui avaient l'habitude de les mettre au menu les jours maigres. Golden, qui n'était pas une pomme, se dit qu'il y avait là, peut-être, un moyen de se venger du curé. Il cessa donc de livrer des canards à l'évêque…

La réaction ne se fit pas attendre : l'évêché fit connaître son déplaisir et pria Golden de lui fournir au plus vite une douzaine de ces bons canards de Tourtemagne. Quand il y a près de cent cinquante jours maigres dans une année, et que le canard sauvage échappe à la longue liste des aliments interdits ces jours-là, il est difficile d'y renoncer !

Golden n'attendait que ça. Il fit répondre à l'évêque qu'il demandait audience pour lui expliquer pourquoi il ne pouvait plus chasser le canard.

– Alors, mon ami, pourquoi me privez-vous de ces volatiles que je goûte tant ? interrogea le prélat.

– Monseigneur, depuis que le curé de Tourtemagne a lancé un monitoire contre moi et m'a déclaré possédé par Satan, je ne peux plus tirer droit. Mes plombs n'atteignent plus leur cible. Je raterais même un de vos gros chanoines dans un corridor de vos appartements !

– Ciel ! que me chantez-vous là ! Qu'avez-vous donc fait de si grave pour avoir irrité le curé ?

– J'ai chapardé douze abricots dans son jardin.

– C'est tout ? Je vais l'admonester et apprendre à cet idiot qu'il n'a pas à empiéter sur mes droits. Moi seul ai le pouvoir, dans ce diocèse, de porter de telles condamnations. Je vous absous, mon fils ! Désormais, vous allez tirer juste. Quand allez-vous me rapporter des canards ?

– J'en ai quelques-uns dans mon sac, Monseigneur…

– Comment ? Vous n'aviez donc pas cru à la malédiction du curé ? Tout comme moi en somme. Mais soyez discret. Il n'est pas bon que le peuple perde la crainte des sanctions de l'Église. Ce secret entre nous vaut bien quelques canards sans doute…

L'horreur dans les yeux d'un homme… Le berger de la légende a dû ressentir cette peur atroce en échappant de justesse à la Dame blanche.
Le Désespéré. Tableau de Gustave Courbet (1843).

La meule maudite

Nous sommes en Argovie, près de Reinach. Un pauvre berger (tous les bergers sont pauvres) surveille son troupeau de chèvres et moutons sur une colline « couverte de broussailles ». Pourquoi cette précision ? Pour insister et faire comprendre au lecteur que les prairies et les vaches grasses appartiennent à d'autres.

Notre berger est donc fauché, mélancolique et sans espoir. Qui pourrait le sortir de la mouise ? (Jadis, on disait plutôt « misère ». Un terme apparemment passé de mode.)

Or (un adverbe précieux pour les conteurs), or donc, il cheminait à travers ces broussailles quand soudain une belle et longue femme en robe blanche (on croit la reconnaître, elle hante des milliers de légendes) lui barre le sentier.

Va-t-elle l'interpeller en prononçant une phrase magique ? Même pas. Dans cette légende argovienne, on fait l'économie des dialogues. L'apparition ne dit pas un mot, mais d'un geste « impérieux » l'invite à la suivre. Le berger, qui trouve miraculeux qu'une jolie fille, même taciturne, surgisse dans sa lourde solitude (tous les bergers me comprendront), ne se pose pas de questions. Inutiles dans l'urgence.

Accompagné de son chien, il suit la belle en robe blanche. Celle-ci zigzague dans les taillis, les sous-bois, se retournant de temps à autre pour l'encourager. Toujours d'un geste «impérieux». (Cette course dans des forêts glauques peut être allongée et commentée au gré du conteur, selon sa verve et l'avancement de la veillée, mais je vais abréger.)

Car nous voici arrivés près «d'un roc solitaire, voilé de sombres rameaux». L'apparition désigne au berger une anfractuosité dans le rocher. Qui découvre alors une cassette de fer, avec ferrures et décorations ouvragées. Je vous ferai grâce de leurs descriptions détaillées, celles-ci n'apportant rien à notre histoire.

D'un signe de tête (la fille est décidément muette), elle l'incite à ouvrir la cassette. Qui déborde de pièces d'or! Le berger tombe à genoux et commence avidement à remplir sa besace.

Et une poignée pour construire sa bergerie...

Une poignée pour se payer de beaux habits...

Une poignée pour emmener au bal une jolie servante...

Une poignée pour aider ses vieux parents...

Une poignée pour acheter un lopin et sa ferme...

Une poignée...

Un gémissement de son chien l'arrête dans sa frénésie. Le berger, les mains plongées dans les vrenelis et autres ducats, lève la tête. Horreur! Au-dessus de lui, une énorme meule de moulin est suspendue à une fine cordelette. Et la perfide enchanteresse, des ciseaux à la main, s'apprête à la couper.

D'un coup de reins, le berger bondit, rejette tout l'or qu'il a puisé (un réflexe salutaire, paraît-il) et s'enfuit. Se bouchant les oreilles pour ne pas entendre le long cri de rage (tiens, elle avait recouvré la voix) de la démoniaque tentatrice.

L'argent que l'on ne gagne pas à la sueur de son front est-il maudit? La morale de cette légende est certes simpliste, mais certains ont de tout temps eu intérêt à l'imprégner dans les cervelles du bon peuple.

Un des auteurs ayant rapporté une de ces versions, Xavier Marmier en 1862 dans son « Voyage en Suisse », la conclut en parlant des « témérités que suscite l'appât de la fortune », des « profonds dégoûts qu'il faut savoir surmonter pour la conquérir » et des « mortelles anxiétés souvent inhérentes à sa possession ». C'était le langage du temps…

La chapelle de la Visitation : un bijou d'art baroque (1652), haut perché dans la montagne valaisanne.

L'ex-voto de la fille-cheval

Dans la chapelle de la Visitation, sur les hauteurs de Visperterminen (Valais), un ex-voto a longtemps intrigué les visiteurs. À un clou étaient accrochés un fer à cheval et une tresse de cheveux. Sans aucune inscription. Quelle signification accorder à cette étrange association ? Les curés d'antan racontaient qu'il y avait de la diablerie là-dessous, mais que Satan s'était bien fait avoir…

Il y a deux ou trois siècles, quand le village de Visperterminen s'étendait au-dessus de la forêt, un maréchal-ferrant vivait heureux avec sa fille.

Jolie la fille, cela va de soi.

Courtisée, cela va de soi.

Mais sage, cela va de soi.

Pieuse, cela… Bref, toutes les qualités que l'on prête aux Valaisannes (dans les légendes tout au moins).

Le choc fut d'autant plus rude quand un jour elle disparut. Une fugue ? Un enlèvement ? Une chute dans un précipice ? Toutes les hypothèses, toutes les pistes restèrent vaines. La belle semblait s'être évaporée comme par enchantement. Et depuis, le maréchal-ferrant ferrait tristement.

Un matin, un cavalier richement vêtu s'arrêta devant la forge de l'artisan.

— Je te laisse mon cheval. Une paire d'heures. Change-lui les fers, il en a bien besoin. Vos chemins sont mal entretenus, et j'ai encore un long trajet à parcourir.

Le maréchal-ferrant répondit humblement au grincheux, les clients de haut rang étant rares. S'il était satisfait, il serait peut-être généreux.

Quand il posa le fer rougi et que la corne commença à grésiller, puis lorsqu'il planta le premier clou, il faillit tout lâcher… Le cheval lui parlait !

— Père, ne frappe pas trop fort ! C'est ton sang, c'est ta chair que tu martèles ! Je suis ta fille, changée par Satan en cheval pour lui servir de monture…

— Mon Dieu ! Que dois-je faire mon enfant ? Comment arrêter cet enchantement ? Faut-il courir chercher le curé ?

— Achève ton travail et ferre bien mes quatre sabots. Il ne faut pas que je glisse sur le chemin de la forêt. Si, avant le coucher du soleil, je visite les dix chapelles de Visperterminen qui content les épisodes de la Passion, sans être reprise par le diable, je serai délivrée de cet affreux sortilège (certains chroniqueurs affirment qu'elle aurait dû faire le tour de nonante-neuf cimetières… À notre habitude, nous préférons rester dans le champ du raisonnable).

Un peu plus tard, le cavalier arriva. Et devint fou de rage quand il s'aperçut que son cheval s'était échappé.

— Vous m'avez dit de ferrer votre bête, pas de la garder ! répondit crânement le maréchal-ferrant.

Hurlant sa colère, Satan (vous l'aviez reconnu) se rua sur le sentier des chapelles. Rattraper un cheval, même si celui-ci se prosterne devant chaque autel, n'est pas chose aisée. Pourtant il l'aperçoit… Sa monture approche de la dernière chapelle. Il va pouvoir la saisir. Il se jette sur elle et lui empoigne la queue…

Trop tard. L'enchantement a pris fin au même instant et la queue du cheval, qui lui reste dans la main, est redevenue une tresse de cheveux. Dépité, Satan la lance à la figure de la fille qui a retrouvé sa jolie silhouette humaine. Ainsi que l'un des quatre fers.

C'est bien ce fer à cheval et cette tresse que le maréchal-ferrant a suspendus dans la chapelle de Visperterminen. Pèlerins, ne craignez rien ! Abrités dans ce saint lieu, et bien que touchés par la main du diable, ils ont perdu tout pouvoir maléfique.

La chapelle de la Visitation est un véritable bijou, et l'on se demande comment cette merveille baroque a pu être édifiée aussi loin dans la montagne. Sans doute a-t-elle été un des coups de cœur de son maître d'œuvre, Christian Ragutz, qui la fit construire en 1652 (ses initiales sont gravées sur le linteau du portail). Son porche à arcades, sa porte aux savantes moulures, ses colonnes toscanes sur piédestal, le contraste entre le granit bleuté et la pierre blanche, son orgue du XVIIe siècle… Cette perfection et ce soin du détail méritent grandement la longue balade à travers pins et mélèzes pour la découvrir.

Le maître fondeur imposa à Hans les épreuves que les génies du feu exigent de chaque futur compagnon.

Les trois épreuves du fondeur d'Obersaxen

Hans aimait les animaux. Et particulièrement ceux que les humains n'aiment pas : les araignées, les serpents, les rats, les guêpes, les fourmis, les chouettes… Ces réprouvés, ces rejetés, ces maudits. Hans trouvait cet ostracisme injuste. Eux aussi avaient droit à la vie, au respect. Ils avaient leur place et un rôle dans la nature. Pourquoi cette obstination à les pourchasser, à les écraser, à les tuer sans pitié ? Hans savait que l'homme cherche ainsi à éliminer ses propres peurs et angoisses. Même si, pauvre paysan de la vallée de la Surselva, il n'avait aucune idée des savantes études que des docteurs en psychiatrie font sur le sujet pour gagner grassement leur vie.

Hans ne faisait donc jamais de mal à aucune bête. Il acceptait de cohabiter pacifiquement avec les fourmis, se contentant de délimiter leur territoire. Et pouvait passer des heures à admirer leurs infatigables travaux. Il aurait pu se battre quand un énergumène donnait un coup de botte dans leur fourmilière !

Hans avait souvent libéré des rats ou souris, lorsqu'une trappe les avait piégés. Il ne pouvait supporter de les voir ensuite noyés dans un seau d'eau…

Les chouettes que l'on clouait sur les portes des granges le traumatisaient. Quel sadisme ! Le soir, il imitait

leurs hululements et prenait plaisir à dialoguer avec les oiseaux de nuit.

Hans ne craignait pas les serpents. Pourquoi tant de légendes contées aux veillées les représentaient comme des auxiliaires du diable ? Il raisonnait patiemment les bergers qui tuaient par réflexe la moindre couleuvre à coups de bâton.

Hans vantait les mérites des abeilles mais respectait aussi leurs cousines, les guêpes. Il savait qu'elles capturent mouches et chenilles en grand nombre et que cette aide est précieuse pour le paysan. Il leur donnait toujours quelques restes de son repas, placés un peu à l'écart, en signe d'amitié.

Et les araignées ? Leurs pièges de soie l'émerveillaient. Il était fasciné par leur habileté. Elles aussi participaient au sage équilibre de la nature. Jamais il n'aurait détruit par jeu leurs toiles tendues.

Hans était-il un rêveur ? Son père, qui grommelait quand il relâchait une souris ou laissait les araignées envahir sa chambre, se demandait ce qu'il allait en faire. Le travail était rare dans ce coin des Grisons. Or, un jour, on fit appel à un fondeur de cloches pour changer celles du clocher d'Obersaxen. Prendrait-il Hans comme apprenti ?

– Notre métier comporte bien des secrets qui ne peuvent être révélés à n'importe qui, déclara le fondeur. Pour que ton fils soit jugé capable d'être initié, il faut qu'il passe les épreuves que les génies du feu imposent à tout futur compagnon. Est-il prêt à les affronter ?

Hans jura qu'il défierait Satan en personne dans les flammes de l'enfer !

Pour la première épreuve, le fondeur le conduisit à la nuit tombée dans une cave profonde et humide. Un grand tas de sable, dans lequel brillaient des paillettes de minerai, occupait le centre de la pièce.

— Quand je reviendrai demain matin, tu devras avoir séparé assez de minerai du sable pour que l'on puisse fondre une cloche !

Et il repartit en fermant à double tour la lourde porte de la cave. Hans savait la tâche impossible et ne songea même pas à l'entreprendre… Il réfléchissait, la tête dans les mains, quand il aperçut une fourmi qui grimpait sur sa jambe.

— Fourmi, mon amie, magnifique fourmi ! Je te défends depuis toujours contre la colère des hommes. Aide-moi !

Quelques minutes après, une interminable colonne de fourmis commença à s'attaquer au tas de sable. Des milliers et des milliers de fourmis… Hans s'endormit et quand le fondeur vint le réveiller, à l'aube, assez de minerai avait été isolé pour fondre une cloche.

Le fondeur se gratta la tête devant cet exploit incompréhensible et dit à Hans :

— Passons à la deuxième épreuve. Tu dois trouver la corde enchantée qui sera attachée au volant de la cloche… Les génies de notre corporation l'exigent !

Hans avait entendu de vieilles histoires racontant que dans les ruines du château de Mooregg était cachée une corde aux pouvoirs magiques. Il grimpa dans une des tours branlantes et dérangea une chouette dans sa sieste.

— Chouette, mon amie, magnifique chouette ! Je te défends depuis toujours contre la haine des hommes. Aide-moi !

La chouette le fixa de ses yeux ronds puis, voletant de pierre en pierre, l'amena jusqu'au bord d'un trou noir et profond. Hans était perplexe : comment descendre au fond sans se rompre le cou ?

À cet instant, une souris apparut.

— Souris, mon amie, magnifique souris! Je te défends depuis toujours contre les pièges des hommes. Aide-moi!

Aussitôt, des dizaines de souris surgirent des ruines et descendirent par grappes jusqu'au fond du gouffre. Elles firent alors force vacarme en poussant des cris aigus et s'efforcèrent de tirer une longue corde d'une anfractuosité. Puis se retirèrent soudain, effrayées. Un serpent gardait la corde enchantée, cachée là par les sorcières d'Obersaxen. Hans l'aperçut et lui cria:

— Serpent, mon ami, magnifique serpent! Je te défends depuis toujours contre le courroux des hommes. Aide-moi!

À ces mots, le serpent se lova pacifiquement et laissa les souris remonter la corde. Qui resta toutefois accrochée aux innombrables toiles d'araignées qui tapissaient les parois. Hans remit ses mains en porte-voix:

— Araignées, mes amies, magnifiques araignées! Je vous ai toujours défendues contre la répugnance des hommes. Aidez-moi!

Dans l'instant, toutes les araignées sortirent de leurs postes d'observation et ôtèrent les fils qui retenaient la corde.

Le fondeur commençait à être convaincu des pouvoirs du jeune Hans, et ses aides avaient fondu la nouvelle cloche d'Obersaxen. Qui pendait déjà tout en haut de son échafaudage.

Une dernière épreuve attendait cependant le postulant.

– Tu dois donner à cette cloche un son qu'aucune autre cloche au monde ne possède. C'est là notre plus grand secret et si tu y parviens tu seras des nôtres !

La vallée de la Surselva grisonne, berceau des fameux Walser.

Une grande guêpe, jaune et noire, se posa alors sur la poutraison. Hans l'interpella ainsi :

– Guêpe, mon amie, magnifique guêpe ! Je t'ai toujours défendue contre l'hostilité des hommes. Aide-moi !

Tout un essaim de guêpes surgit alors et se fixa sur le joug de la cloche. Tourbillonnant, bourdonnant, vibrant, bruissant en cadence…

– Voici le son qu'il me faut ! s'écria Hans. C'est exactement le ton qui convient à cette cloche, qui sera ainsi unique dans les Grisons…

Le fondeur et les génies du feu ne remarquèrent pas cette prudente limitation et acceptèrent Hans comme un des leurs.

Et depuis, où raconte-t-on le plus souvent cette belle histoire ?

Mais chez les fourmis,
les chouettes,
les souris,
les serpents,
les araignées,
et les guêpes…

Cette légende, comme toutes les légendes, comporte de nombreuses variantes colportées et transformées selon la fantaisie du conteur. En voici donc une de plus...

Qui nous permet d'évoquer cette remarquable région qui s'étend dans la vallée de la Surselva grisonne jusqu'à la station d'Obersaxen, sur une terrasse surplombant le jeune Rhin antérieur d'un côté et jusqu'au val Lumnezia de l'autre. Obersaxen est un village walser comptant vingt-huit hameaux, répartis sur un plateau ensoleillé de douze kilomètres de long et s'étageant entre 1100 et 1400 mètres d'altitude. Qui étaient ces Walser? Un peuple germanophone qui s'est répandu, au Moyen Âge, dans plusieurs vallées alpines d'Autriche, d'Italie et de Suisse. Notamment dans les hautes vallées des Grisons. Une forme archaïque de leur dialecte, le Walsertitsch, est toujours parlée. Aujourd'hui, on s'intéresse beaucoup à la culture et aux traditions des Walser, et des projets d'étude et de valorisation de leur héritage ont été lancés.

L'éboulement qui ensevelit le village de Goldau en 1806. Cette gravure de Josef Franz Xaver Triner (1767-1824) fut vendue par le gouvernement de Schwytz au profit des rescapés de la catastrophe.

La forêt qui marche

Innombrables sont les légendes mettant en scène des fées déguisées en mendiantes, qui se vengent si on leur refuse l'aumône. Rassurez-vous, ce n'est plus de notre temps, et si vous ne jetez pas une piécette à un violoneux sur le trottoir vous serez peut-être changé en chouette, mais ça ne se verra pas.
La légende suivante sort pourtant de l'ordinaire. La fée a eu la main particulièrement lourde dans ce cas. Pour châtier un avare, elle a anéanti tout un village… Jugez plutôt.

Cela se passait à Goldau, au début du XIXe siècle. Hans Schumacher, un riche paysan, ne croyait en rien. Ni en Dieu ni au diable, et surtout pas aux fées. Pourquoi donc paraissait-il protégé contre les coups du sort? C'était injuste, pestaient les habitants de son village. Eux, qui usaient leurs genoux à l'église et se signaient dix fois par jour, n'échappaient pas aux catastrophes. Ils avaient beau jeter du sel sous la table quand il le fallait, faire bénir leurs chalets, leurs alpages et leurs troupeaux, éviter de labourer les mercredi et vendredi, jours néfastes… Toutes ces précautions ne les mettaient pas à l'abri des malheurs.

Alors que Hans Schumacher, ce mécréant, échappait à tous les accidents de la vie! Il était né coiffé. Avait-il eu quelque maladie d'enfance, alors que tant de bébés mouraient en ce temps dans leurs premières années ? Pas la moindre fièvre. Adolescent, avait-il eu un chagrin d'amour ? Pas eu le temps. Ce cœur sec s'était marié très jeune avec une riche et laide héritière et avait gagné le gros lot : la peste avait providentiellement emporté cette épouse coffre-fort quelques mois après la cérémonie.

Pourquoi Dieu permet-il que les méchants prospèrent ? soupiraient les paysans.

Après ce bon départ, la fortune de Hans Schumacher n'avait fait que croître. Les ennuis étaient pour les autres, jamais pour lui. Quand une tempête dévastait le village, son chalet était épargné. Quand une grange brûlait, ce n'était jamais la sienne. Quand les troupeaux de ses voisins chutaient dans un précipice, affolés par quelque loup, ses vaches rentraient ponctuellement à l'étable, grasses et sereines.

Hans Schumacher tirait vanité de sa réussite. L'argent durcit les cœurs. Il méprisait le petit peuple et son arrogance blessait. On n'osait le contrarier et tous baissaient respectueusement l'échine devant lui : le syndic, le notaire, le régent, l'aubergiste… Quitte à murmurer dans son dos.

Hans Schumacher était sévère avec ses serviteurs. Qui tremblaient devant ses colères, étaient humiliés pour le moindre manquement, renvoyés pour des peccadilles. Ce n'était certes pas à sa porte que venaient frapper les mendiants, quémandant un morceau de pain ou un bol de lait… Ils savaient qu'ils seraient chassés sans pitié. Par les chiens de Schumacher, dix fois mieux nourris qu'eux.

Pourquoi Dieu permet-il que les méchants prospèrent ?

L'éboulement tranche la montagne dans le fond. Sur le lac, une barque transporte un cercueil. Au premier plan, les décombres d'un chalet disloqué. Gravure de Josef Franz Xaver Triner (1767-1824).

Un jour, une pauvrette en haillons vint toutefois heurter l'huis de la demeure de Hans Schumacher. Elle n'était pas du pays et méconnaissait sans doute la mauvaise réputation du maître des lieux. Trempée par l'orage, fluette, misérable, elle émut Martha la servante, qui vint lui ouvrir. Fallait-il la renvoyer comme à l'ordinaire? Ce n'était pas possible! La servante fit exception, et alla avec courage prévenir Hans Schumacher, occupé à compter ses meules de fromage.

– Encore une mendiante! rugit Hans Schumacher. Une bonne à rien qui vit de la bonté des autres! Je vais aller moi-même la faire déguerpir!

Face à la pauvrette qui tendait la main – « Une aumône, mon bon monsieur, j'ai froid et j'ai faim, une aumône par pitié! » –, Hans Schumacher répondit violemment:

– Hors d'ici, la gueuse! Tu vois la forêt sur cette montagne? Eh bien crois-moi, elle marchera avant que je ne donne mon argent à des gens de ton espèce!

La mendiante lui jeta un regard noir, un regard pénétrant qui troubla Hans Schumacher. Puis elle s'éloigna, courbée sur son bâton.

Pourquoi Dieu permet-il que les méchants prospèrent ?

Le lendemain, il se passa des phénomènes étranges. Un veau périt dans l'étable. On n'avait jamais vu ça chez Schumacher le chanceux ! Puis, vers midi, la source qui coulait sur le domaine depuis toujours tarit subitement. C'était inexplicable. Alors que tous les serviteurs étaient rassemblés autour de la fontaine, leurs cruches vides autour d'eux, et que Hans Schumacher les bousculait en criant qu'ils étaient une bande d'incapables et que ce n'était sûrement qu'un tuyau bouché…

— Remuez-vous, au lieu de bayer comme des idiots ! Est-ce que moi je regarde niaisement en l'air en espérant que l'eau revienne par miracle ?

En prononçant ces mots, il leva machinalement la tête vers la montagne et pâlit : la forêt bougeait… Doucement, imperceptiblement, elle glissait le long des pentes. Des éclairs zébrèrent le ciel sombre. Le tonnerre gronda, gronda, et des roulements aussi puissants semblaient monter du sol. On entendait les craquements des sapins qui se couchaient, sous la poussée des masses de terre qui descendaient vers la vallée. La forêt avançait, la forêt marchait…

Dans un nuage de poussière, toute la forêt s'écroulait vers la vallée, marchant vers le chalet de Hans Schumacher qu'elle allait ensevelir…

Le gigantesque éboulement menaçait maintenant le village tout entier. Hans Schumacher, qui avait fait construire son chalet un peu à l'écart, trouvait cette panique excessive. Seul dans sa demeure, veillant sur son or et ses réserves de fromage, il était sûr que sa bonne étoile, une fois de plus, les protégerait, lui et ses biens. Que le village soit emporté, soit! Tant pis pour ces abrutis! Mais lui, Schumacher, échapperait à la catastrophe.

Quand son chalet chancela subitement, puis s'écroula, écrasé par une main puissante, il eut ainsi plus d'étonnement que de frayeur : pourquoi la chance l'avait-elle abandonné? Cela dépassait son entendement. Il ne connaissait pas le goût du malheur. C'était pour lui une chose incongrue, inexplicable.

Hans Schumacher était pris au piège sous les décombres du chalet, recouvert en partie sous des monceaux de terre et de rochers. Dans le noir, plongé dans un énorme silence, il ne souffrait que de contusions. Une blessure au front, causée par une poutre qui s'était effondrée, avait beaucoup saigné. Il avait dû s'évanouir, et ne savait combien d'heures il était resté inconscient. Mais il était vivant, il respirait, preuve qu'un peu d'air passait à travers les gravats.

Il appela au secours. Longtemps. Puis se résigna. Peut-être était-il le seul survivant? Cela lui parut logique. N'était-il pas Schumacher le chanceux?

À tâtons, il trouva quelque nourriture, un peu de vin. Puis, ses forces revenant, entreprit de creuser vers la lumière. Combien de jours dura son obstiné travail de taupe? Il progressait douloureusement dans un enchevêtrement de planches, de blocs, de parois instables, rampant sur les bras, les genoux, risquant à chaque instant d'être à nouveau enseveli. Puis enfin, enfin! il put sortir de ce qui aurait dû être son tombeau.

Chancelant, Hans Schumacher se traîna vers les premières ruines. Tout le village avait été dévasté par la forêt en marche. Ce n'étaient que murs écroulés, rues barrées de troncs d'arbres, crevasses et lits de cailloux. Près de l'église éventrée, le cimetière était empli de croix neuves, fichées dans des tumulus récents.

Il n'y avait apparemment plus âme qui vive à Goldau. Un vent glacé soufflait sur ce désert d'éboulis. Hans Schumacher descendit péniblement vers le lac et prit le chemin du village d'Arth.

Le premier homme qu'il aperçut fumait tranquillement sur un banc. Hans le reconnut. Il lui était arrivé de jouer aux cartes avec lui, à l'auberge de Goldau.

– Je suis Hans Schumacher. J'ai besoin d'aide…

L'homme l'examina sévèrement, puis se fâcha :

– J'ai bien connu Schumacher. Il est mort il y a quinze jours dans son chalet, emporté par l'éboulement. On n'a pas retrouvé son corps. Il était dans la force de l'âge et vous êtes un vieillard aux cheveux blancs. Usurpateur ! Si vous n'étiez pas aussi âgé, je vous chasserais à coups de bâton pour avoir essayé de tirer parti d'un aussi grand malheur public !

Hans Schumacher se dit que son allure était due à la poussière des gravats, à sa barbe hirsute, à ses habits lacérés. Il se débarbouilla dans une fontaine et remit un peu d'ordre dans sa tenue. Je vais aller me réconforter auprès de ma servante Martha, se dit-il. Elle a dû se réfugier chez ses parents à Arth…

Quand celle-ci lui ouvrit, il fut soulagé.

– Ma bonne Martha, commença-t-il…

– Qui êtes-vous ? Je ne vous connais pas. Que voulez-vous ?

– Je suis ton maître, Hans Schumacher…

La servante éclata de rire.

– Mon maître est sous les ruines de son chalet ! Enterré avec son or et sa méchanceté. Que Dieu ou Satan ait son âme ! Hans Schumacher n'était pas un vieillard décrépit comme vous. Allez raconter votre conte à d'autres !

Désemparé, Hans Schumacher alla se mirer dans l'eau d'un lavoir. Stupeur ! C'était bien un vieil homme aux cheveux blancs qui le contemplait. S'il ne se reconnaissait pas lui-même, qui pourrait le reconnaître ?

Cette évidence le démoralisa. Il n'avait plus d'avenir… Rejeté par tous, maudit, ruiné, il ne lui restait plus qu'à aller vivre en ermite dans la montagne. Vivre ou mourir ?

Après des heures de marche, il parvint à l'endroit où l'éboulement s'était déclenché. Sous d'énormes blocs de rocher amoncelés, Hans Schumacher repéra un abri. Il allait s'y glisser quand une jeune femme se dressa soudain devant lui, lui barrant le passage.

– Ange ou démon, sorcière ou magicienne, implora Schumacher, ne me refuse pas l'accès à ce refuge. Je suis si fatigué. J'ai froid et faim. Un geste de pitié ne te coûtera rien…

La fée (vous l'avez reconnue, inutile de vous la décrire. Les fées sont toujours habillées à la mode des fées, qui date un peu : robe de bal brodée d'argent, escarpins et baguette professionnelle) le regarda durement et ses yeux brillèrent de colère :

– Comment oses-tu parler de pitié ? En as-tu eu, il y a une quinzaine de jours, quand je suis venue frapper à ta porte te demander un bol de lait ? J'ai voulu alors éprouver ton humanité. Tu m'as répondu en ricanant que tu me ferais l'aumône quand la forêt marcherait. Eh bien ! tu as constaté à tes dépens que la forêt a marché, qu'elle a couru, qu'elle a tout emporté… C'est donc toi qui m'es redevable. Redescends pour mourir dans les ruines de Goldau, que j'ai entièrement détruit par ta faute (tu m'avais trop énervée !). Les fossoyeurs trouveront ton corps, personne ne l'identifiera, et ils le jetteront dans la fosse commune.

Cette légende n'est qu'une des nombreuses variantes attachées à l'énorme éboulement du Rossberg, qui emporta le village de Goldau le 2 septembre 1806. En trois ou quatre minutes, des coulées de quelque quarante millions de mètres cubes, s'étendant sur six kilomètres carrés, dévalèrent vers la vallée. L'une d'entre elles, se déversant dans le lac de Lauerz, réduisit sa surface d'un septième. Outre Goldau, les villages de Rothen et de Büsingen furent également ensevelis. Cette catastrophe fit neuf cent cinquante-trois victimes. Cent vingt-six maisons et quatre-vingt-cinq granges furent détruites.

Des escrocs tentèrent de profiter de ce drame pour s'enrichir, et des dizaines de vagabonds se firent passer pour des victimes afin d'apitoyer les habitants de la région. Pire encore : une association de gangsters américains collecta des dons pour soi-disant aider les sinistrés, utilisant abusivement le sceau de l'État de Schwytz. Il fallut intervenir auprès de l'ambassade américaine à Paris pour faire stopper les agissements de ces criminels.

Des chaînons de la fraternité humaine

Les légendes vont en sabots ou au pas des chevaux. Au temps des textos et des réseaux sociaux, pourquoi gardent-elles autant d'écho? Sous ses habits nouveaux, l'homme garde la même peau. Les mêmes peurs sous d'autres mots. La vie, la mort, ne se démodent pas.

Souvent, les légendes racontent et interprètent des paysages. Il faut détruire entièrement ceux-ci – cela arrive: mais si on rase un vieux château on ne peut déplacer des montagnes – pour tuer le récit mythique qui s'y attache. Des faits historiques, de grands malheurs, des épidémies dévastatrices ont également moulu leur grain dans la mémoire des hommes.

D'autres fois, c'est un événement incompréhensible, donc « miraculeux », qui a frappé l'imagination. Dans ces cas, la légende est une parente éloignée des religions. Qui les récupèrent pour les mettre dans leurs bons rails…

Autre atout des légendes : elles agissaient jadis comme des traitements psychiatriques communautaires. Autour du conteur, on évacuait ses angoisses, on s'avouait ses hantises, on se rassurait sur ses propres fantasmes. Allons ! On était bien « normal » et les pensées, les obsessions, les passions et les désirs de chacun étaient ceux de presque tous. Les légendes nous font ainsi remonter dans le passé des hommes dont, malgré les siècles, nous nous sentons étonnamment proches. Une fraternité inscrite dans nos gènes, qui explique pourquoi elles nous touchent et nous toucheront toujours.

Crédits iconographiques

Christian Vellas, photographies et photomontages :
 18, 24, 42, 47, 56, 68, 82, 110, 122

Autres illustrations : collections privées, droits réservés

Table des matières

Avant-propos 7

Hugonnette et les Sarrasins 11

Le châtiment de Jean Guidon 19

La malédiction de Crètzillan 25

La faute du curé de la Dauda 29

Le nain de Stampach élargit son lit et ses bottes 33

Le cadeau du schroettéli 37

Quand le diable tord les clochers 43

Le violoneux paye deux fois l'amende 49

Les boules de Bâle 53

Charlemagne condamne un crapaud au bûcher 57

Les trépassés veulent passer 65

Les pleurs de la mère morte 69

La fleur qui tue 73

Rozinna, la vache boiteuse d'Anniviers. 79

L'écolier errant et les serpents de Saas-Fee. 83

Le chamois blanc du col Ferret 89

Le chant du torrent 95

Les cavaliers protecteurs du juge de Bellinzone. 101

Le calvaire du prêtre de Semsales 105

Le bouc aux cornes rouges 111

Un lac empli de larmes. 115

Le batelier impitoyable. 119

Le chien nocturne de Planfayon 123

Le fantôme du val Sinestra. 127

L'Hutzeran vous guette dans les bois 133

La dent de la sorcière 137

L'odeur de l'enfer. 143

Les abricots du curé de Tourtemagne. 147

La meule maudite. 151

L'ex-voto de la fille-cheval 155

Les trois épreuves du fondeur d'Obersaxen 159

La forêt qui marche 167

Des chaînons de la fraternité humaine 177

Crédits iconographiques 179

La conception graphique de cet ouvrage
a été réalisée en 2013 par
l'imprimerie Slatkine à Genève (Suisse).

Imprimé en UE.